川畑直人・大島剛・郷式徹［監修］
公認心理師の基本を学ぶテキスト

17

福祉心理学

福祉分野での心理職の役割

川畑 隆・笹川宏樹・宮井研治［編著］

ミネルヴァ書房

公認心理師の基本を学ぶテキスト
監修者の言葉

　本シリーズは，公認心理師養成カリキュラムのうち，大学における必要な科目（実習・演習は除く）に対応した教科書のシリーズです。カリキュラム等に定められた公認心理師の立場や役割を踏まえながら，これまでに積み上げられてきた心理学の知見が，現場で生かされることを，最大の目標として監修しています。その目標を達成するために，スタンダードな内容をおさえつつも，次のような点を大切にしています。

　第一に，心理学概論，臨床心理学概論をはじめ，シリーズ全体にわたって記述される内容が，心理学諸領域の専門知識の羅列ではなく，公認心理師の実践を中軸として，有機的に配列され，相互連関が浮き出るように工夫しています。

　第二に，基礎心理学の諸領域については，スタンダードな内容を押さえつつも，その内容が公認心理師の実践とどのように関係するのか，学部生でも意識できるように，日常の生活経験や，実践事例のエピソードと関連する記述を積極的に取り入れています。

　第三に，研究法，統計法，実験等に関する巻では，研究のための研究ではなく，将来，公認心理師として直面する諸課題に対して，主体的にその解決を模索できるように，研究の視点をもって実践できる心理専門職の育成を目指しています。そのために，調査や質的研究法の理解にも力を入れています。

　第四に，心理アセスメント，心理支援をはじめとする実践領域については，理論や技法の羅列に終わるのではなく，生物・心理・社会の諸次元を含むトータルな人間存在に，一人の人間としてかかわる専門職の実感を伝えるように努力しています。また，既存の資格の特定の立場に偏ることなく，普遍性を持った心理専門資格の基盤を確立するよう努力しています。さらに，従来からある「心理職は自分の仕事を聖域化・密室化する」という批判を乗り越えるべく，多職種連携，地域連携を視野に入れた解説に力を入れています。

第五に，保健医療，福祉，教育，司法・犯罪，産業といった分野に関連する心理学や，関係行政の巻では，各分野の紹介にとどまるのではなく，それぞれの分野で活動する公認心理師の姿がどのようなものになるのか，将来予測も含めて提示するように努力しています。

　最後に，医学に関連する巻では，心理職が共有すべき医学的知識を紹介するだけでなく，医療領域で公認心理師が果たすべき役割を，可能性も含めて具体的に例示しています。それによって，チーム医療における公認心理師の立ち位置，医師との連携のあり方など，医療における心理職の活動がイメージできるよう工夫しています。

　心理職の仕事には，①プロティアン（状況に応じて仕事の形式は柔軟に変わる），②ニッチ（既存の枠組みではうまくいかない，隙間に生じるニーズに対応する），③ユビキタス（心を持つ人間が存在する限り，いかなる場所でもニーズが生じる），という3要素があると考えられます。別の言い方をすると，心理専門職の仕事は，特定の実務内容を型通りに反復するものではなく，あらゆる状況において探索心を持ちながら，臨機応変に対処できること，そのために，心理学的に物事を観察し理解する視点を内在化していることが専門性の核になると考えます。そうした視点の内在化には，机上の学習経験と「泥臭い」現場の実践との往還が不可欠であり，本シリーズにおいては，公認心理師カリキュラムの全科目において，学部生の段階からそうした方向性を意識していただきたいと思っています。

　公認心理師の実像は，これから発展していく未来志向的な段階にあると思います。本シリーズでは，その点を意識し，監修者，各巻の編集者，執筆者間での活発な意見交換を行っています。読者の皆様には，各巻で得られる知識をもとに，将来目指す公認心理師のイメージを，想像力を使って膨らませていただきたいと思います。

　　2019年2月

　　　　　　　　監修者　川畑直人・大島　剛・郷式　徹

『福祉心理学』の刊行によせて

　公認心理師の基本を学ぶテキスト⑰『福祉心理学』が刊行されます。このテキストはシリーズの他のテキストとは少し，いやだいぶん趣が異なっているかもしれません。それは200ページあまりの1冊に編著者を含めて31名の人たちが執筆しているからです。辞典や文言集であればこのようなこともあるかもしれませんが，公認心理師養成を念頭に置いたテキストとしてはかなり異彩を放っているのではないかと思います。

　編著者の3名は，私と同じく児童相談所の心理職出身です。そして今のような大学の教育職に就く前から，他の仲間と共に雑誌や研修会の企画を通して，児童福祉現場で働く仲間に向けたさまざまな発信をしてきました（第1章の文献紹介で掲載してある『そだちと臨床』誌もその一つです）。このテキストの底流にはその思いがあると感じられます。もともとは公認心理師をめざす学部学生が学ぶためのテキストではあるのですが，ただ学生がわかりやすく理解するだけでなく，彼らが現場に出たときに役立つように執筆されています。つまり現場で働くための基本を学ぶテキストであり，言わば31人の経験豊かな先輩が，新人に基本を研修しているような印象です。

　福祉心理学は，心理学の中でも比較的新しい応用部門です。しかし，戦後に児童相談所が開設されたときから配置された心理専門職が実践してきた蓄積は大きなものです。3人の編著者は，児童福祉畑の専門家ですが，それを福祉全般に広げる内容にするために，実務実践に長けた多くの人たちを連れてきてこのテキストを完成させました。第11章などはこのテキストだけにしかないユニークなものではないでしょうか。

　このテキストを学ぶことで，福祉領域に興味を持ち，ここで活躍する公認心理師が少しでも多く出現するとありがたいと思います。

　2020年2月

監修者のひとり　大島　剛

目　次

公認心理師の基本を学ぶテキスト　監修者の言葉
『福祉心理学』の刊行によせて

序　章　　福祉領域の概観
——一人ひとりの幸せを少しずつでも

川　畑　　隆

　福祉領域とは何を指し，何によって他の領域と区別されるのか。そして，公認心理師は福祉領域においてどんな業務を行うのか。また，福祉心理学とは何を指すと本書では考え，何について解説するのか。まず，これらについて述べる。そして次に，福祉領域の各事項について，領域すべてに通じること，また人間の生涯発達という軸で見たとき，障害のある場合，人権の侵害，生活や労働と貧困や地域福祉という切り口で，関連する法律名とともにおおまかに見渡す。福祉行政は法律等のルールにもとづいて行われるからである。より細かな解説については，第1章以下に委ねられる。

1　福祉領域の公認心理師業務

1-1　social welfare から social well-being へ

　2018年の夏ごろ，生活保護ケースワーカーを主人公とした「健康で文化的な最低限度の生活」というタイトルのテレビドラマが放映された。このタイトルが示しているのは，まぎれもなく憲法第25条「すべて国民は，健康で文化的な最低限度の生活を営む権利を有する」ことである。この「**生存権**」の明示が福祉領域の業務とは何かを端的に教えている。

　とくに「文化的」という言葉は，「最低限度の生活」が時代によって変わるものであることを示唆している。といっても，憲法制定時からそのような意味が込められていたかどうかはわからないが，どの時代でも変わらない「絶対的

1

貧困」だけでなく，同時代を生きている周りの人たちに比べて貧困であるという「相対的貧困」にも言及しているように読めば，憲法の奥深さが感じとれる。

「健康で文化的な最低限度の生活」とは人々の「人並みの幸せ」のことだと言っては，簡略化しすぎるだろうか。とくに貧困やその他の事情で幸せを感じにくい人たちにとっては，「ささやかな幸せ」ということになるだろう。

この「幸せ」を語源とするのが「福祉」という言葉である。フルネームでは「社会福祉（social welfare）」だが，政治の制度としては，国民の生活の質を保障するための仕組みである「社会保障」の一つとして，「社会保険」「公的扶助」「保健医療・公衆衛生」と並んであげられるものである。社会保険によって人々は共同で費用を負担して助け合い，公的扶助では生活保護のように保護される人が費用を負担することなく生活が保障される。保健医療・公衆衛生の活動は人々の病気を治療・予防し健康を増進させ，そして社会福祉は社会的弱者を支えるのである。

「社会的弱者」は，子どもや障害のある人，高齢者や生活上の保護の必要な人，そして女性その他を指して使われる言葉である。女性は男性に比べての体力面の弱さだけでなく，「Me too!」といわれるように「私もセクシャル・ハラスメントを受けた」と訴えたり，「男女平等」や「男女共同参画」を課題としなければならないようなこれまでと現在の社会的扱いや地位によって，「弱者」の位置づけを与えられている。

このように社会的弱者を支える社会福祉のイメージを，これまで social welfare という言葉が代表してきたのかどうかは社会福祉学を専攻してこなかった筆者には不明だが，現在ではその言葉が social well-being に進化しているようだ。つまり，教育領域の特別支援教育が障害児への合理的配慮から障害のない子どもにもその個性の尊重へと視野を広げてきたように，福祉領域においても社会的弱者に限定された支援ではなく，すべての人々がよりよく生きることを目指した支援が，目指すものとしてより広義にとらえられてきているように思われる。

1-2　公認心理師にとっての福祉領域

　公認心理師養成のための大学院の科目立てを見ると，公認心理師が働く領域は保健医療，福祉，教育，司法・犯罪，産業・労働（実際にはそれに「開業」も加わるだろう）におおむね分けられ，本書はその「福祉」領域における事項を扱うことになる。

　しかし，福祉が5領域のうちの一つだといっても，福祉が他の領域との垣根を高くしているわけではない。一人の人は教育を受けて会社等で働くとして，病気やケガで病院に行くことがあるだろうし，生活保護を受けたり，場合によれば犯罪にかかわることだってあるだろうから，もとより継時的にも同時的にも垣根は取り払われている。そして上記のように，すべての人々がよりよく生きることを目指した支援を行うのだから，福祉はあらゆる領域にその精神を注ぎ込むことになる。

　実際に，目に見える形で福祉がより大きく他の領域でも意識されてきている。精神保健センターが「精神保健福祉センター」と改名されてから久しいし，家庭裁判所調査官の中には「司法福祉」という言葉を用いる人もいる。「労働福祉行政」などの言葉や，厚生省が「厚生労働省」となったのも福祉がつなぎ役を果たしている。教育と福祉については，たとえば学校と児童相談所との実際の強いつながりほどには，これまでそのつながりの認知度は高くなかったが，スクール・ソーシャルワーカーの登場でそれが変化した。

　これらの福祉の浸透は，上記のような社会福祉学自体の進化によるだけでなく，医学や臨床心理学の分野で提唱されている「**生物─心理─社会モデル**」とも相互に影響し合っているように見える。このモデルは現場で業務を行っている者にとっては以前から当たり前のことなのだが，「一人の人間は生物であると同時にそれぞれ心理をもち社会的存在である。したがって何らかの臨床的アプローチを行う場合にはこの三つの視点から企画し，働きかけ，対象となる人のトータルな健康をつくっていかなければならない」とするものである。

1-3　福祉心理学としてどこを切り取るか

　本書では，保健医療をはじめとするあらゆる領域にまたがる福祉の考え方や方法，つまり well-being 型の福祉分野の公認心理師業務について言及するのか，それとも social welfare という旧型ではあるが，従来からの福祉事業を行っている場所において福祉支援の対象になっている人々へのそれを記述するのか。それは後者である。なぜなら，従来「福祉心理学」と呼ばれてきたものがそれだからである。そして大学や大学院における公認心理師対応カリキュラムの「福祉領域における公認心理師業務（福祉心理学）」が後者のような内容となっており，もっと言えば公認心理師試験がその内容から出題されるからである。とは言っても，当然，後者の記述の中から他の領域とも重なる前者の部分も読み取ることができるだろう。

　さて，公認心理師業務というものが定型であってただたんに各領域でそれを行うだけなら，領域と業務の対象等が異なるだけですべての公認心理師の行う業務内容は同じになる。そしてその各領域のことが書かれた5冊の本には，同じ働き方が書かれていることになる。しかしそれでは意味がないし，やはり各領域でいろいろなことが異なるのだろうと思う。

　福祉とは「幸せ」のことだと書いた。本書の編者たちは主に児童福祉現場で「生物―心理―社会モデル」の心理と社会の部分を受け持ってきたが，もちろん「幸せと不幸せ」が100か0かであるわけではなく，なかなか幸せの見つからない人たちに「ホンの少しでも厚い幸せを」というのが目指すところであった。このように書くと，「それは各職場における各職種間連携でのトータルな対人援助業務についてであって，公認心理師業務について知りたい。そして『社会』の部分はソーシャルワーカーが受け持つはずだ」という声が聞こえてきそうである。しかし，福祉領域の心理職はたしかに心理職しか行わないような業務にも携わるものの，他職種とのバウンダリー（境界）はそれほど厳然としたものではない。つまり「スペシャリスト」でもある「ジェネラリスト」として，「心理業務の完遂」ではなく「福祉の実現」を目指した業務に携わっているのだが，その具体的な像は各章各節で語られることになる。

1-4　本書で言及すること，しないこと

　福祉領域には本書の第1章以下で取り上げた分野とその職場以外のところもある。たとえば生活保護の分野や福祉施策を企画する行政本課等である。生活保護制度そのものや受給者とケースワーカーとの関係，施策づくりのプロセスや施策の内容などを「福祉心理学」的に扱うことも可能だったかもしれない。しかし，本書は公認心理師やそれを目指す学生・大学院生を読者対象とする「公認心理師」シリーズの1冊であることから，実際に心理職が従事している，また従事する可能性のある分野とその職場に限って取り上げたことをお断りしておく（ただし本章の2節では，読者の福祉領域全体の理解に資するため，より広く福祉領域について言及することを試みた）。

　また，心理職が働いている現場の業務について，それが法律や制度のことであっても，社会福祉の専門家ではなく心理の専門家が書くことを本書では重視し貫いた。筆者自身も法律や制度について書いたが，そのことの危うさを一方で思いながらも，福祉領域の心理職が「ジェネラリスト」である部分を"地"でいきたかったのである。その成果ははたして出ているだろうか。

　第1章から第4章までと多くを「子ども家庭福祉分野」にページを割き，それと比べれば他の分野に関する分量が少ないが，編者たちがより長く身をおいたのが児童福祉分野であったことと関係している。働いた経験が短い，あるいはなかった分野のことに関しては，視野を拡げてみようとしても限界がある。ご容赦願いたいが，それでも目をいっぱいに開けて見渡したつもりである。

　第5章から第7章までは「障害者福祉分野」にあてた。障害者自立支援法によって施策が統合された身体障害・知的障害・精神障害の三つのすべてを取り上げるべきではあろうが，精神障害については本シリーズの『健康・医療心理学』に任せることにした。

　第8章と第9章が「高齢者福祉分野」である。編者たちとしては，一番遠い未知の分野である。執筆者の方々は編者たちを十二分に助けてくださった。

　第10章では「その他の取り組み」を紹介した。その他と言っても「子ども福祉分野」に入れてよいものもあるが，より「**地域福祉**」的色合いの強いものが

5

集まった。ここに取り上げることのできる取り組みは，他にももっとあること
だろう。

　第11章では，編者たちの身近にいる心理職と他職種の人たちに，それぞれの
テーマについて書いてもらったものを4編ずつ紹介する。心理職業務について
の心理職による自己視点と他職種による他者視点である。

2　福祉領域の各事項を支える法律等の概略

2-1　福祉領域全般

　福祉領域全般の今日的流れについて，以下の3点をあげておきたい。

　第一は，言われて久しい「**少子高齢化**」である。**合計特殊出生率**（一人の女
性が出産可能とされる15歳から49歳までに産む子どもの数の平均値）が1947年では
4.54だったものが2005年には過去最低の1.26になり，2017年には少し持ち直し
たものの1.43の低い値にある。世界的にも2.0を切る水準にあるが，一部の国
では2.0に迫る上昇を見せている国もあるようだ（内閣府，2019）。この少子化
の要因としては，親の世代の人口が減少していること，未婚，晩婚の女性が増
えていること，子育て環境の不備，子育てにかかる費用の多さなどがあげられ
る。高齢化はこの少子化による必然的な結果であるが，税収や保険料の減少で
現在のような年金や医療制度などが立ちゆかなくなることや，労働人口の減少
によって生産力が低下し経済が停滞することが大きな課題となり，様々な施策
が打たれている。

　第二は，住民に身近なところで行うべき業務が，**国→都道府県→市町村**へと
引き継がれ，**民間**も参入するようになってきていることである。そしてそれも
背景に，福祉的支援を人々が受けることに関して「**措置から契約へ**」という流
れが整備された。従来，福祉的支援は，対象者がそれを受ける要件を満たして
いるかどうかを行政が判断し措置する義務にもとづいて行うものであったが，
今日では一部を除いて，どの支援を受けるかを利用者が選択し，その支援を提
供する事業者と契約するという方式に移行した。この移行は保育所の利用につ

いてから始まり，高齢者福祉や障害者福祉など福祉全般へと広がっていったのである。介護保険制度や支援費制度が支えている仕組みである。

　第三は，**施設支援型福祉**から**地域支援型福祉**への移行である。つまり，対象者が施設に入所したり入院したりして福祉的支援を受けるのではなく，支援を受けながら地域で暮らすことによってよりよい生活を手に入れることを目指した流れである。高齢者福祉や障害者福祉において示されることの多い方向性だが，子ども福祉において施設入所よりも里親委託が強く推進されようとしているのも，その流れに乗るものなのだろう。理念として受け入れられる方向ではあるとしても，財源不足による焦りが無理を生じさせないようにしていく必要があるように思う。

　社会福祉全般について書かれているのが「社会福祉法」で，福祉の基本的枠組みを支えており，社会福祉協議会や福祉人材センター，社会福祉主事のことなどにも触れられている。「社会福祉士及び介護福祉士法」では両国家資格が定められており，「民生委員法」は，厚生労働大臣から委嘱を受けた民生委員について述べている。民生委員は任期3年で分担地域を受け持つ無給のボランティアで，児童委員を兼ねている（ただし，主任児童委員は児童福祉専門の人材である）。また，それまでの社会福祉・医療事業団の事業を引き継ぐ形で設立された法人に関する法が，「独立行政法人福祉医療機構法」である。この法にもとづいて，これまでの「国立病院」が「独立行政法人○○医療センター」等と名称変更されている。

　なお，参考までに，以下の行政用語について確認しておきたい。

　法治国家の一番もとになるルールである「憲法」のもとに，国会で「法律」が審議され制定される。内閣の閣議で制定したルールは「**政令**」と呼ばれ，各省の大臣が決めたものは「**省令**」である。なお，国と国，あるいは国際機関との間で定めたものを「**条約**」（国内に向けてはあらためて法律を制定しなければならない），地方議会で制定したルールを「**条例**」と呼ぶ。また，「**通達**」は上部組織から下部組織への命令であり，「**通知**」は連絡や指示を意味する。「**通告**」は決定事項で修正の余地がない連絡である。これらの各ルールはより上位のル

ールの範囲内で定められなければならないことは，言うまでもない。

2-2　子どもと高齢者の福祉

　生涯発達の初期に位置する子どもの権利の一つは，「**適切に世話され護られる**」ことである。言うまでもなく，子どもは一人では生きていけないからである。そして，自分で自分の世話をできる大人の時期をすぎ，生涯発達の後期に至る。この後期になっても自分の世話をできる人もいれば，それがむずかしくなる人もいる。物忘れが衰退であっても，否，発達であったとしても，子どもが生に向けて丁寧に育てられてきたように，高齢者も生そして死に向けて丁寧に「適切に世話され護られ」なければならない。

　「**児童福祉法**」は子ども福祉の要である。児童福祉の実施機関や職員の資格等についても記されている。「**児童福祉施設の設備及び運営に関する基準**」では，児童福祉施設の建物・居室や職員配置等についての最低基準が示されている。「児童手当法」「児童扶養手当法」「特別児童扶養手当等の支給に関する法律」によって，子どもの生活の質の保障を目的として各手当が支給されている。「母子及び父子並びに寡婦福祉法」では，母子および父子や寡婦の生活支援について述べられている。「母子保健法」や「少年法」は，それぞれ医療保健，司法・犯罪領域の法律だが，子ども福祉と絡んで重要な役割を占めている。また少子化が言われて久しい中，「少子化社会対策基本法」はそれまでのエンゼルプラン，新エンゼルプランを受け継ぎ，少子化対策の基本理念を著した。その後，「子ども・子育て支援法」「子どもの貧困対策の推進に関する法律（子どもの貧困対策推進法）」等によって，給付や制度の改善，支援の推進が行われている。

　「老人福祉法」から保健・医療関係の項目を移してできたのが「老人保健法」である。「高齢者社会対策基本法」には高齢者福祉の指針が示されている。その後，40歳になった人は保険料を支払わなければならないと定められた「**介護保険法**」が制定された。**認知症**に関しては，認知症施策推進5か年計画（オレンジプラン），それを見直した認知症施策推進総合戦略（新オレンジプラン）に

8

よって，認知症患者の地域での生活のしやすさ等を目指した施策が促進されている。

2-3　障害のある人の福祉

　障害のある人に対する偏見や差別は，その障害の由縁にまでさかのぼってまことしやかに存在してきた。しかし，人々は必ず高齢に向けて進むのと同じように，必ず障害のある人は含まれる。それは，上記のまことしやかな理由によるのではなく，たまたまその人に障害があるのであり，「わたし」の代わりに「あなた」に障害があるということである。障害があるという「役割」を背負っているという言い方には語弊があるかもしれないが，障害のある人が障害のない人と同じような社会生活を送れるように支援されることは，特別なサービスではなく社会の側の責任だと言ってよい。

　「障がい」というひらがな表記が広まってきているが，障害のある人たちの中にも違和感を表明する人がいる。「それも（偏見や差別の解消に向けた）一歩だ」という主張もわからなくはないが，「（改善すべきは）そこではないだろう」という思いはよくわかる。

　また，「障害も個性のうち」という善意にもとづいた言い方が共感を呼ぶ部分もあるが，当事者にとっては「個性というには重すぎる」「こんな個性はないほうがいい」という率直な気持ちがあることにも思いを致す必要があるだろう。

　さらに，「障害を理由とする差別の解消の推進に関する法律（**障害者差別解消法**）」にある**「合理的配慮」**は，障害のある人だけに向けてではない「より丁寧なコミュニケーション」ととらえたほうがよいように思う。配慮されてより生きやすくなる側面はよいが，周りからの配慮によって自らを修正していくような適応的回路が当事者の中で強調されすぎていくと，それはどういう生きやすさを目指したものなのかを問わなければならなくなる部分があるのではないだろうか。

　「障害者基本法」は，政策の基本理念などを定めた理念法であるが，2011年

の改正により**インクルーシブ教育**（障害のある人がない人とともに教育を受けること）にも言及されている。この改正は，先に述べた障害者差別解消法とともに，「障害者の権利に関する条約（障害者権利条約）」の批准に伴って行われた。

「身体障害者福祉法」「知的障害者福祉法」「精神保健及び精神障害者福祉に関する法律」は，それぞれ身体障害者，知的障害者，精神障害者の福祉についての基本的な法律であるが，その三つの障害者への福祉を統合する形で「障害者自立支援法」が成立した。この法律は，上記の「措置から契約へ」の流れで**「支援費制度」**が導入されたものの財政上の問題を招き，それを解消するために制定されたものである。しかし，支援を受ける側の負担がそれまでの**応能負担**（所得に応じた負担）から**応益負担**（所得に関係なく利用した支援の量に応じた定率1割の負担）に変更されたことによって，より重度の障害があり受ける支援の量が多い人ほど負担が増大することから利用者の不評をかい，その後，「障害者の日常生活及び社会生活を総合的に支援するための法律（障害者総合支援法）」が，応能負担を原則として，発達障害者および難病患者を対象に加え，障害児支援を強化することなどを障害者自立支援法からの主な改正点として成立した（第5章2節参照）。

「発達障害者支援法」では，発達障害について，知的な発達が遅れている知的障害も含めた発達の障害という意味ではなく，自閉症スペクトラム，注意欠陥多動性障害，学習障害等に限定したものとして定義されている。そして，この法律をもとに発達障害者支援センターの設置や特別支援教育の構築がなされてきている。

身体障害者には必ず**身体障害者手帳**が，知的障害者には**療育手帳**（名称の異なる地域もある），精神障害者には**精神保健福祉手帳**が申請に応じて該当者に交付される。これらの各手帳の提示によって種々の優遇措置が受けられるが，身体障害者に関しては「身体障害者補助犬法」も施行されている。また，障害者に向けた経済支援としては，特別障害者手当，障害児福祉手当，経過的福祉手当，特別児童扶養手当，在宅重度心身障害者手当，心身障害者扶養共済制度，障害年金等の手当・年金がある。

2-4　虐待や DV 等の防止

「児童の権利に関する条約（子どもの権利条約）」には「**子どもの最善の利益**」「**意見表明権**」「**体罰の禁止**」他が謳われており，日本も締結している。また，国際結婚の破綻に伴う子どもの返還等に関する「国際的な子の奪取の民事面に関する条約（**ハーグ条約**）」も締結している。

このような人権の具体的侵害に関するルールは，国内でも整備が進んでいる。児童福祉法には児童の保護とそのための国民による通告についてすでに書かれていたが，「児童虐待の防止等に関する法律（**児童虐待防止法**）」には虐待に特化した国民の通告義務が詳しく記載された。虐待に関しては「高齢者虐待の防止，高齢者の養護者に対する支援等に関する法律（**高齢者虐待防止法**）」「障害者虐待の防止，障害者の養護者に対する支援等に関する法律（**障害者虐待防止法**）」もある。

虐待は，いくら近い関係でも相手との間に引かれているべき境界線（バウンダリー）を一方的に越境する他害行為である。

「配偶者からの暴力の防止及び被害者の保護等に関する法律（**DV 防止法**）」も，「ストーカー行為等の規制等に関する法律（**ストーカー規制法**）」も，同様の行為から被害者を保護するための法律である。

また，様々な社会的関係におけるハラスメントについても徐々に法制化されてきており，人権侵害であることにかわりはない。

なお，DV に関する「配偶者暴力相談支援センター」をおく「婦人（女性）相談所」の設立の根拠となる法律は「売春防止法」であった。

2-5　生活，労働，貧困対策，地域福祉

「生活保護法」における生活保護の原理は，①（支給対象者の）無差別平等，②最低生活（健康で文化的な生活水準の維持），③補足性（足りない部分を補助）であり，原則は①申請保護（当事者の申請にもとづく），②基準及び程度（受給条件と不足分の程度），③必要即応（受給世帯の実態にそう），④世帯単位（世帯としての支給の要否）である。保護（扶助）の種類は，①生活扶助，②住宅扶助，

③教育扶助，④医療扶助，⑤介護扶助，⑥出産扶助，⑦生業扶助，⑧葬祭扶助であり，非課税となる。また家族の状況に応じた加算制度があり，最低生活にかかる経費の多寡によって地域ごとに保護費が異なる区分も設けてある。

　生活保護の申請は国民の権利であり，福祉事務所はそれを拒否できない。**生活保護ケースワーカー**は申請を受けて調査し，申請日から14日（特別な理由がある場合は30日）以内に決定通知が文書で送付される。保護費（最低生活費から収入を差し引いた額）の支給は毎月で，受給者は収入の状況を受給中は毎月報告することになっている。ケースワーカーは，世帯の実態に応じて訪問調査を行い，受診の必要な人には受診を勧め，就労の可能性のある人にはそれに向けた助言指導を行う。

　子どもの貧困率が13.9パーセントとやや下がったとはいえ（厚生労働省，2017），先進国の中でも最悪だと言われるわが国である。「生活困窮者自立支援法」や前述の「子どもの貧困対策推進法」等が制定され，子どもの学習支援等を含む様々な貧困対策が進められようとしている。このように生活保護の一歩手前の貧困世帯への支援が求められているが，非正規労働者の増加，年収200万円以下のいわゆる「**ワーキングプア**」の多さは大きな課題である（以上の生活保護と生活困窮者支援に関する記述では，石川（2017）からとくに多くの語句を引用した）。

　雇用の促進や適切な労働環境の維持・改善等に関しては，「労働基準法」を基本として，「雇用の分野における男女の均等な機会及び待遇の確保等に関する法律（改正男女雇用機会均等法）」「男女共同参画社会基本法」「育児休業，介護休業等育児又は家族介護を行う労働者の福祉に関する法律」「労働安全衛生法」「障害者の雇用の促進等に関する法律」「高年齢者等の雇用の安定等に関する法律」「労働者災害補償保険法」等が制定されている。また，「**ホームレスの自立の支援等に関する特別措置法**」には，ホームレスの人たちへの支援の理念と基本方針が盛り込まれている。

　それぞれの地域で福祉活動に取り組む地域福祉の重要性については，先にあげた「社会福祉法」に明確に述べられている。よりよい地域環境を整備してい

くには，地域組織やボランティアと行政が柔軟に連携していくシステムが不可欠である。

「特定非営利活動促進法」はいわゆる NPO 組織に関する法律である。

「高齢者，障害者等の移動等の円滑化の促進に関する法律（バリアフリー新法)」にもとづいて，各自治体にはバリアフリー条例を制定しているところもある。**バリアフリー**とは，高齢者や障害者が社会生活を送るうえでの障壁（バリア）をなくすことである。そして，高齢者や障害者に限らずすべての人にとって使いやすい環境を設計することを，**ユニバーサル（普遍的）デザイン**と呼んでいる。

❖考えてみよう
・ある重大事件の被害者が長期の入院を余儀なくされているとする。その被害者への支援を「生物—心理—社会モデル」によって想定してみよう。
・その被害者（会社員・50歳・妻子あり）の今とこれからについて，法律や制度は具体的にどのようにサポートすることになるかを考えてみよう。

📖もっと深く，広く学びたい人への文献紹介
網野 武博・乾 吉佑・飯長 喜一郎（編著）(1992)．福祉心理臨床　心理臨床プラクティス⑥　星和書店
　☞おそらく，福祉心理学の内容が日本ではじめて書かれた古典である。
小林 重雄（監修）園山 繁樹・内田 一成（編著）(2002)．福祉臨床心理学　講座 臨床心理学④　コレール社
　☞座談会「福祉臨床心理学の課題と展望」が巻末に収録されているのも，著者たちの息づかいが聞こえてくるようで興味深い。
佐藤 進（監修）津川 律子・元永 拓郎（編）(2009)．心の専門家が出会う法律 第3版——臨床実践のために——　誠信書房
　☞まさに臨床心理士のために書かれた法律の本であり，心理職にとって座右の書である。

引用・参考文献
石川 久 (2017)．図解 福祉行政はやわかり　第一次改訂版　学陽書房
関西人間学会（編）(2006)．社会福祉六法・関係法事典　改訂版　晃洋書房
厚生労働省 (2017)．平成28年 国民生活基礎調査の概況　https://www.mhlw.

go.jp/toukei/saikin/hw/k-tyosa/k-tyosa16/（2020年3月14日閲覧）

元永 拓郎（編）（2018）．関係行政論　野島 一彦・繁桝 算男（監修）　公認心理
　　師の基礎と実践㉓　遠見書房

内閣府（2019）．令和元年版少子化社会対策白書　概要　https://www8.cao.go.
　　jp/shoushi/shoushika/whitepaper/measures/w-2019/r01pdfgaiyoh/pdf/01gai
　　yoh.pdf（2020年3月14日閲覧）

第 1 章　子ども家庭福祉を見渡す
——子どもと家庭がより健全に
育まれるために

川 畑　　隆

　本章では，子ども家庭福祉分野の施策について概観する。まず，各地で進められようとしている子育て世代包括支援センターの設置や，要保護児童対策地域協議会のあらまし，代表的な関連機関，市町村と児童相談所とのすみ分けについて見渡す。次に児童虐待防止に関する法律や制度，通告やそれを受けた支援のあらまし，虐待する方とされる方に関する基本的な情報等について述べ，DV 防止法の内容にも触れる。最後には，社会的養護の実態，児童福祉施設とは何か，里親制度の内容について解説し，施設職員や里親からの虐待についても言及する。あとに続く第 2～4 章の導入の役割を担う章である。

1　子ども家庭福祉臨床の実施機関と地域

1-1　地域全体の子育て支援施策

　子どもの福祉について語るときに，子どもと子どもを育てる人との関係を抜きにできない程度が一昔前よりもぐっと高くなってきた。「子ども家庭福祉」「子ども家庭支援」「子育て支援」などの枠組みで，児童虐待防止や子育て支援を施策の真ん中におくことが必至の状況になってきている。

　そのような施策の大元締めが厚生労働省である。そして，そのもとに各都道府県や市町村の児童福祉や母子保健の実施機関がある。序章で母子保健法を保健医療領域の法律だと書いたが，もともとは児童福祉法の中に含められていたものである。児童福祉法のもとで仕事をする児童相談所等と，母子保健法にも

とづいて就学前の子どもにかかわる保健所や保健センターが，相互乗り入れで就学前の子どもの発達相談にのってきた経過はこれまでもあったが，今では保健医療と福祉が一層重なり，まさに協働して世の中に向き合っている状況を見ると，二つの領域の垣根が取り払われた感が強い。

　序章で述べた少子化・核家族化に対応したエンゼルプラン，新エンゼルプランに次いで「健やか親子21」という国民運動計画が策定されたが，その展開の中で，妊娠期から子育て期にわたる切れ目ない支援を実施する必要性がクローズアップされ，「健やか親子21（第2次）」につながり現在に至っている。そして，その流れにそって，母子保健サービスと子育て支援サービスの一体的提供のために**「子育て世代包括支援センター**（母子保健法・児童福祉法上は母子健康包括支援センター）」の設置が法定化され，2020年度末までの全国市町村への展開が目指されているが，その展開の状況は一様ではないと聞く。このセンターは，親子を取り巻く市町村保健センター，都道府県の児童相談所や保健所・行政担当課，医療機関・分娩施設，子育て支援機関，保育所・幼稚園・認定こども園，学校，公民館，NPOやボランティアを包括してとりまとめ，小学校入学までの親子を支援する軸となる市町村機関だとされている。

　これら以外の現在の子育てに関する地域の代表的な機関をあげておく。まず，市町村児童福祉関係課や市の福祉事務所に設置された家庭児童相談室がある。前者では児童虐待通告を受けており，後者は住民からの相談を受けるが，児童虐待通告も受けるところがある。子育て支援センターは，地域における子育て支援の拠点として市町村が保育所などを指定して設置している。児童家庭支援センターは，限られた児童福祉施設に附置された相談機関である。また，民生委員・児童委員や主任児童委員がいる。NPOやボランティアとしては，育児支援サークルが多く活動している。

1-2　相談・通告事例へのアプローチ

　母子保健法にもとづく**全数管理**（地域の対象家庭のすべてを把握しアプローチすること）による**アウトリーチ**（家庭などに直接出向いて必要な支援に取り組むこ

と。家庭訪問活動）や**健康診査**等（保健所や保健センターで実施される）を通じて個別の相談につながる事例もあれば，保護者がみずから相談をしてくることもある。児童福祉の相談機関への相談は任意であるが，児童福祉法や児童虐待の防止等に関する法律（児童虐待防止法）にもとづいて，要保護児童（保護者に監護させることが不適当であると認められる児童と，保護者のない児童）として通告され，そこから個別の相談が始まる場合もある。

　前節で述べた子育て支援機関のほかに，事例の内容によっては連携する可能性のある機関として，児童福祉施設に入所していた，現在も兄弟が入所している，あるいはショートステイ等で利用している等の経過があれば，児童福祉施設（場合によっては里親）がある。子どもに発達上の問題があれば，母子通園療育教室（発達に遅れやつまずきのある就学前幼児を対象とした母子通園型の療育施設）や，発達障害者支援センターなどもある。生活保護を担当している市の福祉事務所や都道府県の部署，配偶者暴力相談支援センター（婦人（女性）相談所等に設置）が関係してくる場合もある。児童虐待などが絡めば，警察やそれに属する少年サポートセンター，家庭裁判所等の司法機関やその他も連携先に加わることになる。

　就学前児にかかわるところとして以上の諸機関をあげたが，それらの機関の多くは，子どもが就学した後も大きな役割を果たしている。述べた機関以外には学童保育（放課後児童クラブ）施設などもあげられるだろう。要保護児童の通告については，14歳未満の触法少年についての警察からのもの（重大事件の場合は児童通告ではなく事件送致）もある。

　要保護児童（被虐待児童のすべてを含む）に関しては，これも子どもが18歳になるまでが対象だが，**要保護児童対策地域協議会**（以下，**要対協**）が児童福祉法にもとづいて全国に設置されている。この協議会については第2章4節において詳しく述べられる。

1-3　市町村と児童相談所との関係

児童相談所は都道府県と政令指定都市には必ず設置されており，中核市や特

別区にもおくことができる。2005年3月まではこの児童相談所が児童福祉に係る相談業務の第一線であったが，児童福祉実施体制の変更により同年4月から市町村が第一線になり，児童相談所がその後方支援を行うという位置づけに変わった。つまり，より身近な自治体による相談が実施されることになったのだが，それまで児童相談を行っていた市町村はともかく，施設的にも人的にも急遽対応せざるを得なくなったところは混乱したと聞く。それから14年がたった今も人の手当が十分でなく，要対協の事務局としての運営もままならない自治体もあるようである。また，児童相談所が後方支援にまわることになったといはいえ，子どもの判定機能，職権対応や行政処分等は児童相談所でなければ行使できないこともあり，市町村と同様に第一線で活動しているのが実際のところである。そして，児童相談所が子どもを保護する機能と保護者からの相談にのる機能の両方をもっていることのデメリットが指摘され，諸外国にならって両機能を分けることが求められる中，保護機能を児童相談所，相談機能を市町村が分け持つという方向性が示された。この児童福祉実施体制のさらなる変更による市町村の急激な負担増によって，混乱が継続する市町村があると思われる。また，児童相談所についてもさらに"福祉警察"化する可能性への懸念が囁かれるところではある。

2 児童虐待防止と家庭支援

2-1 児童虐待防止に関する基本的なこと

第2章3節と第3章3節等でも児童虐待防止に関する各機関での具体的取り組みについて紹介するが，ここでは児童虐待に関する基本的な事柄について述べておくことにする。

児童虐待防止法は，**保護者**（子どもを現に監護している人）による虐待を対象にしている。家庭内での行為は外からは見えにくい。後で述べるように暴力だけが虐待ではないし，他の法律を適用しにくい場合でも子どもを救わなければならない。また，子育てとの関連を考慮すると，虐待事例に対しては虐待のな

い子育てへの転換の指導と併せて対応しなければならない。

　児童虐待は，**身体的虐待**，**ネグレクト**（養育・保護怠慢），**性的虐待**，**心理的虐待**の4種類である。

　身体的虐待は，子どもの身体に外傷が生じ，または生じるおそれのある暴行を加えることであり，意図的に子どもを病気にすることなども含まれる。

　ネグレクトは，子どもの健康，安全・安心，その他の権利への配慮と保護を著しく怠ることで，保護者以外からのあらゆる虐待的行為を防げなかった保護者の行為も含まれる。

　性的虐待は，子どもにわいせつな行為をすることやさせることであり，性器や性交を見せること，ポルノ写真を見せたり被写体にすること等も含まれる。

　心理的虐待は，子どもを心的に傷つけるような不適切な言葉や態度で接することで，兄弟の被虐待を見たり，配偶者間暴力を見た（面前DV）子どもも含まれる。

　なお，通告を受けた虐待については，たとえ親が虐待ではなくしつけだと主張しても，子どもの立場から見て虐待であれば虐待と認定する。しかし，これは子どもの言い分だけを信じるということではなく，社会的調査を行ったうえで判断することになる。

　言うまでもないが，児童虐待件数は通告等によって認知された件数である。件数の急激な増加が取り上げられ，最近，四つの虐待の中でもとくに心理的虐待の占める割合の大きさが目立っているが，これは面前DVの通告の増加が著しいことによる。

　通告に関しては，児童福祉法に要保護児童に関する国民の**通告義務**，児童虐待防止法に被虐待児童に関する国民の通告義務が定められている。そしてそれ以上に，児童虐待防止法には子どもによくかかわる職種と団体（組織）に早期発見と通告がより強く求められることが書かれており，通告は「おそれ」のレベルでもかまわないこと，通告者の秘密は守られるので通告内容が間違いでも責任を問われることはないことが明示されている。

　通告先としては，市町村児童福祉関係課，児童相談所が定められているが，

警察も「住民の安全を守る」職務を行うところなので，実際には警察が最初に当該の虐待事例を知ることになる場合も多い。通告を受けた市町村や児童相談所は，緊急の協議と調査，リスクアセスメント（危険度の判定），48時間以内の安全確認を行うことになっている。

　日本では，実母による虐待件数が多い。これは子育ての不安や困難が大きく関係していることを示唆している。また被虐待児については小学生以下の比率が高く，虐待が小さい者，弱い者に向かう傾向があることを示している。さらに，性的虐待の統計上の件数は少ないが，実際にはもっと多くの認知されていない事例が存在するものと思われる。

　被虐待の発見動機，つまり何によって虐待を疑うかであるが，以下に列挙してみる。子どもの泣き声と大人の怒鳴り声，子どもだけで放置されている（その結果としての熱中症や火災による被害等も），傷や傷跡，身長や体重の不変化や減少，食事が普通ではない（量や食べ方），不潔，表情の変化や無気力，おびえる，荒れる，家に帰りたがらない，虐待されているとの告白，ケガや火傷の医学的所見と保護者による説明の食い違い（シェイクン・ベイビー（揺さぶられ症候群）も含めて），医療上のネグレクト（輸血拒否ほか医師の指示や勧めに従わない），保護者が看護しているが病状が改善しない（代理によるミュンヒハウゼン症候群など），虫歯や口腔の異常，身体的接触や性的なことへの標準以上の関心，長期間姿が見えない，保育所や学校に行かせない，子どもの症状や問題行動の背後に被虐待経験のあることが疑われる，虐待行為の目撃，虐待者や家族からの情報，DV（配偶者間暴力）環境，兄弟への虐待環境，親子心中などである。

　なお，虐待する保護者が抱える課題や，虐待された子どもが抱える課題等については，第2章3節で述べられる。

2-2　児童虐待事例への支援の展開

　被虐待児として通告された子どものうち，虐待者である保護者から分離されているのは1割ぐらいと言われる。つまり約9割は在宅で生活しながら，関係

機関による何らかの見守りや指導を受けている。これは，子どもの安全を守ることと，虐待のない子育て力を保護者がつけることとの両立を，児童虐待防止機関が目指しているからにほかならない。「いや，子どもの安全が何よりも大事だ」ということについてはそのとおりであり，まず子どもの安全を護るための保護が優先されているのは事実なのだが，そのことによって保護者の養育力に対してアプローチできる可能性自体が閉ざされてしまうことがあってはならない。いくら虐待している親であっても，子どもにとっては唯一無二の頼るべき大切な親である。先ほど述べた両立という二兎を負う"綱渡り"をせざるを得ないし，子どもの安全は守り抜くという"綱から落ちない"確度を，100パーセントに向けて高めることを追求することになる。

　いずれにしろ，通告された市町村や児童相談所が行うのはソーシャルワークであり，調査によるアセスメントとそれにもとづく支援である。子どもを児童相談所の一時保護所に保護して（保護者の同意による場合もあれば，児童相談所長の決定によるときもある）始めることもあれば，在宅のまま実施することもある。ただ，調査がスムーズに行われればよいのだが，保護者や子どもと会うことができない事例もあり，児童相談所による職権を用いた立入調査や，家庭裁判所による許可を得てそれ以上の強制的手段（臨検・捜索）をとらざるを得ない場合もある。

　子どもを家庭から長期間分離する必要のある場合（児童相談所による児童養護施設入所や里親委託の措置），保護者の同意が得られなければ児童相談所からの申立てによって家庭裁判所の審判を仰がなければならない。家庭裁判所の審判結果を受けて児童相談所が児童養護施設等に入所させたり，里親委託した場合は2年ごとの再審判が必要であったり，保護者による親権行使が子どもの利益に反するときには，最長2年間の親権停止の判断が家庭裁判所によってなされることもある。

　子どもの入所等による保護者との分離はそれ自体が目的ではなく，保護者と子どもが再び虐待のない環境で過ごせるようになることが目標である。このことを**家族再統合**と呼んできたが，それまで親子分離されていたかどうか，今後

同居するか否かにかかわらず，保護者と子どもとの関係がよい方向に向くよう支援することが必要なわけであり，それらを一括して家族支援と呼ぶようになってきている。

2-3　DV 防止法の概要

DV（Domestic Violence：配偶者からの暴力）は同時に子どもに向けられることもあり，DV を見た子どもは心理的虐待を受けていたと認定される。

DV 防止法は被害者を保護するための法律であり，加害者を罰するためのものではない。婚姻関係にある夫婦や婚姻関係はないがそれと同様の関係にある場合や，離婚成立後も適用される。恋人間などについては当面は対象外となっている。暴力とは身体的なものだけでなく，心身に有害な影響を及ぼす言動や行為なども含み，身体への暴力に限って，被害者の合意があれば発見した者には通告義務が課されている。また，自治体は**配偶者暴力相談支援センター**を設置するように求められている。被害の申立てによって裁判所から保護命令が出される仕組みになっており，加害者と別居の場合は**接近禁止命令**（6 か月間），加害者と同居の場合は**退去命令**（2 か月間）が下される。保護命令違反には刑事罰が与えられる。この法律の改正は重ねられており，被害者の親族等への接近禁止なども取り入れられてきている。

DV に関する詳しいことは，第 3 章 4 節で述べられる。

3　社会的養護の概要

3-1　家庭養護と社会的養護

日本では，家庭による養護を子どもが健全に育つ基本的形態としている。そしてそのことを軸に，子育ての社会的枠組み全体が組み立てられている。

各家庭による養護を「**家庭養護**」と呼ぶ。一方で，何らかの事情によって家庭で養護されない子どもは社会的責任のもとで公的に扱われ，その養護形態を「**社会的養護**」と呼ぶ。もちろん，公的にではなく私的に扱われ，たとえば伯

父さん夫婦に預けられ，後で述べる親族里親制度によらずに育つ場合もあるだ
ろう。その場合は「同居児童の届出」を行えば公的にもサポートされることに
なる。社会的養護を行う方法は，いずれも児童相談所の措置によるが，**児童福
祉施設**入所か**里親**委託である。児童福祉施設の一つである児童養護施設では，
従来，大舎制や中舎制といった男女別に子どもの年齢を横割りにした集団生活
が通常であったが，より家庭養護的環境を整えるべく，縦割りの小舎制を一部
に，あるいは全体に取り入れるところが増えてきている。

　家庭養護の属性は何といっても，子どもにとって自分の保護者は1組（一
人）であり，その保護者は（兄弟を除いて）他の誰の保護者でもないという点
である。里親委託の場合は里親以外に実親がいるのだが，毎日の暮らしでは里
親が唯一無二の親になる。児童養護施設では家庭的養護を取り入れたとしても，
里親レベルに届かない。そこで，後で述べる里親制度とは別に，児童養護施設
から週末だけ里親宅にステイするという週末里親制度を取り入れているところ
もある。

　さて，児童福祉施設には乳児院，児童養護施設，児童自立支援施設，児童心
理治療施設，母子生活支援施設，福祉型障害児入所施設，医療型障害児入所施
設などの入所施設と，通所施設の医療型と福祉型の児童発達支援センターがあ
る。また保育所も保育に欠ける子どもの保護者が利用するところで児童福祉施
設に含まれる。いずれも児童福祉法にもとづく施設なので，児童（児童福祉法
で0歳から18歳になるまでとされている）が利用できる。ただし，高校3年の途
中で18歳を迎えた場合は卒業するまで入所を延長し，事情によっては20歳にな
るまでの延長が可能である。

　児童福祉施設の物理的環境については「**児童福祉施設の設備及び運営に関す
る基準**」で定められている。たとえば児童養護施設の場合，1居室に子どもは
4人以下であり，1人あたり$4.95\,\mathrm{m}^2$以上の広さがなければならない。人的環
境については，子どもが小学生以上の場合は5.5人に1人以上の児童指導員や
保育士がいなければならない。従来は6人に1人以上であり，その時代が長く
続いた。しかし，やっとその数字が動き，4人に1人という将来的目標の数値

も示されるようになってきている。

　児童福祉施設の中で，設置当初から心理職（セラピスト）が必要スタッフの一人とされていたのは児童心理治療施設である。その後，児童養護施設にも必ず置かなければならなくなり，非常勤の常勤化も進んでいる。

　日本の社会的養護の特徴については第4章1節で詳しく述べるが，施設に措置している件数が里親に委託している件数を大きく上回る点である。これは欧米諸国と逆の現象であり，長年，社会的養護下にある子どもに占める里親委託児童の比率（里親委託率）は8パーセント程度に低迷していたものの，2017年度末には19.7パーセントと伸びを示しており，自治体間格差が大きい中，50パーセントを超えるところも出てきている（厚生労働省，ホームページ）。

3-2　里親制度

　里親には4種類がある。「**養育里親**」は，子どもを健全に育てる条件が整っていることが必要で，実子等をあわせて6名まで養育できる。5年たてば里親資格そのものについて更新しなければならない。「**専門里親**」は，養育里親や児童福祉事業に3年以上従事した経験のあることが必要で，委託は2名まで（実子等をあわせて6名まで），期間は2年までとなっている。より対応のむずかしい子どもの養育を担当することになる。「**養子縁組希望里親**」は，将来，子どもと養子縁組する希望をもっている里親で，条件は養育里親と同様である。「**親族里親**」は，両親などの保護者が死亡や行方不明，拘禁等の理由で養育ができなくなった場合，祖父母，叔父，叔母が，必要な期間（18歳あるいは20歳まで），養育にあたる。

　養子縁組希望里親は，**特別養子縁組**（6歳までに申立て，認められれば戸籍上は実子同様の扱いを受ける。里親宅で一定期間養育された経過が申立ての際の要件となる。なお，6歳までという申立て期間について，15歳までに引き上げる検討がなされている）を希望する場合が多い。

　親族里親については，民法で3親等以内の親族に扶養義務が課せられているものの，子どもにとってより身近な親族による養育のメリットを考え，里親化

された。

　里親になりたい人は，住所地を管轄する児童相談所に相談する。相談を受け
た児童相談所のソーシャルワーカー（児童福祉司）は来談者と面接し，家庭訪
問も行い，その家庭が子どもを養育するにふさわしい物理的・人的環境かを調
査し，そしてその結果が社会福祉審議会で審査される。里親として適切だとの
結論が出れば，知事（政令指定都市の場合は市長）が里親認定し，認定された里
親は里親に関する研修を受けることになる。そして，児童相談所に里親登録が
なされ，子どもの処遇を検討する児童相談所の会議で，その里親の特徴から，
当該の子どもを養育するのにふさわしいのではないかという里親候補の一人と
して名前があげられ，委託が検討されることになる。

　マッチング（里親と里子の適合性の確認）期間を経て実際に子どもを委託され
た里親には，子どもにかかる生活費や教育費，里親手当が支給される。医療費
は公費負担で，里親損害賠償責任保険に加入することになる。なお，里親委託
後も児童相談所の管理下で指導等を受けることになる。

3-3　施設職員や里親からの虐待

　児童に限らず，施設職員による施設利用者への，また里親から子どもへの**虐
待**が問題となっている。もちろん，施設職員や里親には適正な養育についての
研修指導は行われているし，社会的養護下にある子どもたちに対しては，「子
どもの権利」についての啓蒙，苦情がある場合の申立てのルート等についての
説明はなされている。しかし，養育される子どもがもっている特徴，施設職員
や里親の弱点（弱点は誰にでもある），それらが小さい空間の密な関係の中で絡
み合ったときに，感情的な言動が交わされやすいことは想像にかたくない。対
人援助業務は「**感情労働**」と言われたりもするぐらいである。そこを職員や里
親のほうがいかにコントロールするのか，どのように適正な方向に進めるのか
など，当事者，またその当事者を研修指導し管理する立場の者の課題は大きい。
たんに当事者個人に自覚を求めるのみでは解決しないことは当然である。子ど
もも生身であるが，職員も里親も生身である。生身の人間をどう守るのか，守

られる環境とはどのようなものか，職場環境，行政指導する立場と職場や里親との関係など，検討しなければならないことは多い。

また，「子どもの権利」を守ることは大切で，**苦情処理**のシステムも重要である。しかし，職員や里親が子どもの反応を気にしすぎて言いたいことも言えない，自然な感情さえも子どもに向けられないとなると，その対応は適正な子育てから離れ，子どもに大切なことを教えられないことにもつながる。そういった子どもの健全育成のためのほどよいバランス感覚を，施設や里親が，そしてその子育ての現場を見守るべき行政機関や世の中全体がどう身につけるかも，大きな課題のように思われる。

❖考えてみよう
・機関側から家庭等に出向いて相談にのる場合（アウトリーチ），出向く側はどんなことに気をつけなければならないか。
・児童虐待やDVなどの増加と関連づけて考察されるような社会の状況とは，どのようなものか。
・児童福祉施設入所と里親委託の，それぞれの子どもにとっての長所と短所を考えてみよう。

もっと深く，広く学びたい人への文献紹介

吉田 幸恵・山縣 文治（編著）（2018）．新版よくわかる子ども家庭福祉　ミネルヴァ書房
　　☞子ども家庭福祉の全般について端的に整理されていて理解しやすい。
川崎 二三彦（2006）．児童虐待──現場からの提言──　岩波新書
川崎 二三彦（2019）．虐待死──なぜ起きるのか，どう防ぐか──　岩波新書
　　☞手に取りやすく，記述がわかりやすい。児童虐待の全体を見渡すのに役立つ。
『そだちと臨床』編集委員会（編）（2008）．特集1「社会的養護と心理職の役割」
　　『そだちと臨床』Vol. 4　明石書店
『そだちと臨床』編集委員会（編）（2011）．特集1「つぶやきから児童福祉の現場を再考する」『そだちと臨床』Vol. 10　明石書店
　　☞児童福祉現場の実際について，アンケート結果も含めてリアルに描き出されている。なお『そだちと臨床』全12号では，子どもたちに関する現場臨床のあらゆるテーマが取り扱われている。

引用・参考文献

関西人間学会（編）（2006）．社会福祉六法・関係法事典　改訂版　晃洋書房

厚生労働省ホームページ　里親制度等について　https://www.mhlw.go.jp/stf/seisakunitsuite/bunya/kodomo/kodomo_kosodate/syakaiteki_yougo/02.html（2020年3月14日閲覧）

厚生労働省子ども家庭局母子保健課「母子保健施策について」2017年10月14日日本臨床心理士会定例研修会Ⅰ資料

元永　拓郎（編）（2018）．関係行政論　野島　一彦・繁桝　算男（監修）　公認心理師の基礎と実践㉓　遠見書房

第2章　市町村における子ども家庭支援
——基礎自治体としての子どもと家庭の支援

八木安理子

> 　市町村は住民に身近な基礎自治体として，子育てに関する様々な制度の情報やサービスを提供できる機能を持っており，子どもと子育てを行っている保護者への支援を行うことになる。心理職としては妊娠・出産から乳幼児期にわたる母子保健における発達相談等，また保育所や幼稚園，認定こども園そして児童発達支援センターにおける巡回相談等が活躍の場となる。また，市町村子ども家庭支援として18歳までの子どもに関する相談や要保護児童等の支援，そして市町村に「子ども家庭総合支援拠点」の設置が努力義務となり，規模によっては心理担当支援員が配置されるため，一層の活躍が期待される。

1　乳幼児健康診査と発達相談

1-1　母子保健——妊娠期から乳幼児期までの切れ目のない支援

　母子保健は，母子保健法に示されているように，母性並びに乳児及び幼児の健康の保持及び増進を図ることを目的に，すべての妊娠期から乳幼児期の母子への支援からハイリスク，要保護児童までの支援を行っている。妊娠・出産後は母親にとって子育てのスタートの時期である。また乳幼児期は，子どもにとって自ら危険を排除したり SOS を発信することが困難で，母親にとっては子育ての負担感や精神的な不安感が高まりやすい。そのため，母子への様々な情報提供や支援を行い，加えて母親のメンタルヘルスや両親・祖父母教室といった**保護者支援**も担うことになる。2016年 6 月の母子保健法の改正によって，妊

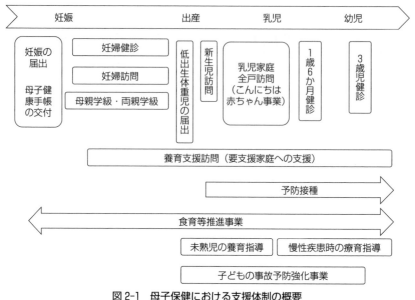

図 2-1　母子保健における支援体制の概要

(出所) 厚生労働省子ども家庭局 (2015) をもとに筆者作成

産婦や乳幼児等への健診や保健指導等の母子保健事業が児童虐待の発生予防や早期発見に資するものであることに留意する必要性が明確にされた。また，2017年4月には「子育て世代包括支援センター」の法制化が示され，第1章1節でも述べられているように，妊娠期から子育て期にわたるまでの支援について，ワンストップの拠点としておおむね2020年度までに全国展開を目指すものとなっている。

　母子保健活動では，図2-1にあるように妊娠期には妊娠届出を受けて「母子健康手帳」の発行を行い，母親教室等を実施し，必要に応じて訪問等支援を行う。出産後は低出生体重児の届出や新生児訪問，乳児家庭全戸訪問事業による支援，そして月齢や年齢に応じた**乳幼児健康診査**，またそれ以外にも離乳食等の食育等推進事業や予防接種や子どもの事故予防についての情報提供等を行い，とくにリスクの高い母子については家庭訪問などの支援が実施される。

1-2　乳幼児健康診査等

　母子保健事業の一つとして行われる乳幼児健康診査（以下，健診）は，自治体によって時期は若干異なるが，母子保健法にもとづき基本的には，1歳半児健診，3歳児健診が実施されている。すべての乳幼児を対象としており，早期発見と指導により乳幼児の健康保持および増進を図ることを目的としている。健診の流れは，事前の情報共有による「事前カンファレンス」，「問診」「計測・診察等」「個別での保健指導」そしてフォローアップの必要性や支援計画の修正を行う「事後カンファレンス」となっている。健診内容は身体発育状況，栄養状態，身体の疾病や異常の有無，精神発達の状況や言語障害の有無，予防接種の実施状況などである。

1-3　母子保健における発達相談

　この乳幼児健診時の「個別での保健指導」の場の一つに子どもの**発達相談**があり，心理職が担当することが多い。「子どもの心の健康づくり対策事業実施要綱」（厚生省児童家庭局長通知1997年）には，個別相談について「育児の負担感や，育児の不安，悩み等を持つ保護者を対象として実施」と書かれており，親子関係や子育てへの思い等の子育てにかかわる様々な問題について相談を受けることになる。また，発達障害者支援法には「健康診査を行うに当たり，発達障害の早期発見に十分留意しなければならない」と書かれており，発達障害を早期に発見することが求められている。この発達相談は，保護者にとっては子どもの発達に関してはじめて相談する場となり，まだこの時期は子どもの発達課題やましてや障害に気づいていない段階であったり，気づいていてもその受けとめは始まったばかりで不安が大きかったりする。子育ての苦労や大変さに寄り添いながら，不安感や悩み等について適切な助言を行い，子どもの発達特徴や障害の特性等を踏まえつつ，障害への早期対応と保護者のサポートにかかわることになる。また，発達相談の場では保護者の育児不安や育児の負担感等への悩みを把握することで，児童虐待の早期発見や問題の解消に対応する役割を担うことにもなる。

アセスメントの方法の一つとして発達検査が用いられるが，年齢が小さな乳幼児期では，子どもの発達を支える保護者に対してその検査結果をフィードバックする比重が大きくなる（大島，2013）。「新版K式発達検査2001」の手引き書には「こどもとの楽しい応答や会話を通じて，子どもの典型的な反応パターンを見る場面でもあるべき」とあるが，この検査によって子どもの生活全般の発達に関する情報を垣間見ることができる。そして，子どもたちの反応には援助につながるヒントが大いに隠されており，それを保護者と一緒に考えていく（大島，2015）ことができるため，乳幼児や障害児の発達を把握するためによく用いられている。

なお，上記の健診以外に，自治体によっては，フォローアップとしての定期的な発達相談や健診事後教室（親子教室），保育所等への巡回相談業務等があり，心理職がかかわっている場合がある。

2　乳幼児期からの通う場と発達等の相談

2-1　乳幼児期の子どもが通う施設

乳幼児期に子どもたちが通う保育所や幼稚園等は，幼い子どもたちにとってはじめて親と離れて集団生活を行い，家族以外のお友だちと時間をともにし，遊び，ケンカ，仲直りなど，様々なことを経験する場となる。同時に，保護者にとってもはじめてわが子と離れ，長時間預けることになるところであり，保護者会への参加や親同士の関係づくり等，保護者としての役割を体験する場となる。2014年4月から，質の高い幼児期の学校教育，保育の総合的な提供等を目的に子ども子育て支援制度がスタートし，乳幼児の通園の場は大きく変化してきた。大別すると保育所・幼稚園・認定こども園，地域型保育，そして，このあと 2-3 で述べる児童発達支援の場としての児童発達支援センター等である。

保育所は0歳から5歳までの子どもを保育する施設であり，保護者の労働または疾病その他，子どもが家庭で保育を受けることが困難であることが入所要件である。幼稚園は，おおむね3歳から5歳の子どもに昼過ぎごろまでの教育

時間を提供し，それに加えて園によっては午後や土曜日，長期休業中の預かり保育を実施する。認定こども園は幼稚園と保育所の機能や特徴を併せ持ち，前述の幼稚園教育を受ける就学前の子どもと，保育を必要とする0歳から就学前の子どもが通う施設である。また地域型保育として，少人数の単位で0歳から2歳までの子どもの保育が行われているが，家庭的保育，小規模保育，事業所内保育，居宅訪問型保育の4タイプがある。

2018年度に施行された幼稚園教育要領，保育所保育指針，幼保連携型認定こども園教育・保育要領には，「幼児期の終わりまでに育ってほしい姿」として，①健康な心と体，②自立心，③協同性，④道徳性・規範意識の芽生え，⑤社会生活との関わり，⑥思考力の芽生え，⑦自然との関わり・生命尊重，⑧数量や図形，標識や文字などへの関心・感覚，⑨言葉による伝え合い，⑩豊かな感性と表現，の10項目が示されている。

2-2 障害児保育と「気になる子ども」への支援

1974年に厚生省（当時）が通知した「障害児保育実施要綱」によって障害児保育が全国的に始まり，障害のある子どもたちの保育が制度化された。障害のある子どもの保育には，一人ひとりの子どもの発達過程や障害の状況を把握し，状況に応じた保育を実施することが必要とされ，①他の子どもとの生活を通して共に成長できるよう見通しを持った保育，②市町村や関係機関と連携及び協力を図りつつ保護者に対する個別の支援，③子どもの就学に際し，子どもに関する情報共有のための資料の送付，の3点が保育所保育指針にも定められている。障害児保育の対象は，療育手帳や身体障害者手帳等を所持している子どものほか，自治体独自の判断基準や母子保健機関や医療機関からの意見書等が出ている子どもである。

障害児保育のほかに，保育上何らかの課題がある子どもとされる「気になる子ども」も含め，知的障害のない発達障害児の保育に関する相談が増えている（三山，2013）。巡回相談は，障害児やそのような「気になる子ども」を支援する方法として多くの自治体で実施されているが，保育所等から要請を受け，心

理職などの専門家が出向いて保護者や保育者等を支援する活動（芦澤・浜谷・田中，2008）である。巡回相談は自治体によっても異なり，専門家は，子どもの発達状況を保育観察や発達検査，保育者からの聴き取りにより，または保護者の面接等から把握し，保護者や保育者に助言を行う。また，幼稚園等では**キンダーカウンセラー**がその役を担っていることも多い。対象となる子どもの課題にとどまらず，クラス集団の中での子どもの姿や関係性にも焦点を当てて助言をするためには，集団の育ちを理解しておくことが重要となる。ほかにも家庭での課題や児童虐待の疑いに早期に気づくこともあり，保育所等への適切な助言や保護者支援が求められる。

2-3　児童発達支援

　障害のある子どもが身近な地域で支援が受けられるよう設置されている通所支援として，**児童発達支援センター**と**児童発達支援事業**がある。どちらも通所支援機能をもち，通所利用の障害児やその家族に対する支援を行う。児童発達支援および医療型発達支援は，通所対象としては集団療育および個別療育を行う必要があると認められる未就学の障害児となっており，手帳の有無は問わず，児童相談所や市町村保健センター，医師等により療育の必要性が認められた児童も対象である。放課後等デイサービスは，授業終了後や休校日において生活能力の向上のための必要な訓練，社会との交流の促進等および学校との連携・協働による支援を行う。ほかにも保育所等に集団生活の適応のための専門的支援を行う保育所等訪問支援や，外出の困難な重度等の障害児への居宅訪問型児童発達支援，相談支援として，計画相談支援と障害児相談支援がある。児童発達支援センターは**福祉型児童発達支援センター**と医療機能を有する**医療型児童発達支援センター**があり，センターとしての専門機能を活かし，地域の障害児やその家族との相談，障害児を預かる施設への援助・助言をあわせて行うなど，地域の中核的な療育支援施設としての役割を求められている。一方，より地域に身近に通所できるように実施されているのが，児童発達支援事業である。

　厚生労働省の児童発達支援ガイドラインでは障害児支援の基本理念として，

子ども本人の最善の利益の保障のほか，地域社会への参加・包容（インクルージョン）の推進と合理的配慮や家族支援の重視等が掲げられている。また，提供すべき支援として，子どもの発達の側面から，「健康・生活」「運動・感覚」「認知・行動」「言語・コミュニケーション」「人間関係・社会性」の5領域において，障害のある子どもに応じて行う「本人支援」と「移行支援」である「発達支援」のほか，家族支援，地域支援があげられ，それらを総合的に提供することが求められている。

3　児童虐待防止・家族支援

3-1　児童虐待

「児童虐待の防止等に関する法律（**児童虐待防止法**）」において，**児童虐待**とは，**身体的虐待，ネグレクト，性的虐待，心理的虐待**の四つであると定義されている。

厚生労働省（2013）の「子ども虐待対応の手引き」では，「子ども虐待は，身体的，精神的，社会的，経済的等の要因が複雑に絡み合って起こる」と考えられており，虐待の発生に関しては「特別な家族の問題という認識で取り組むのではなく，どの家庭にも起こりうるものとして捉えられる」と記述されている。

虐待に至るおそれのある**リスク要因**として，保護者の攻撃的・衝動的な性格，精神障害や知的障害，慢性疾患などがある場合や，被虐待経験，また望まない妊娠や産後うつ病等の妊娠期の不安定な状況，育児に対する不安や知識・技術の不足のほか，体罰容認や子どもの発達を無視した過度な要求，特異な育児観といったことがあげられる。また，社会的孤立や経済的な不安定さ，夫婦間不和，不安定なパートナーとの関係などの養育環境の要因，そして子どものリスク要因として未熟児や障害等子どもに何らかの育てにくさがある場合がある。

児童虐待は子どもに対するもっとも重大な**権利侵害**であり，虐待の状況にもよるが子どもの心身に深刻な影響をもたらすものである。身体的な影響として

は暴力による打撲や火傷，脳内出血，またネグレクトによる栄養障害や体重増加不良，低身長などもあり，重篤な場合には死に至ったり，重い障害が残る可能性もある。知的発達面への影響としては，不適切な対応や必要なやりとりを行わないことによって知的発達を阻害してしまう場合や，安心できない環境下や登校させていない状況下での学習の経験不足による能力の低さなどもあげられる。心理的影響も大きく，愛着関係が形成されずに対人関係に問題が生じたり，自己肯定感をもてない状態になると将来的にも影響を与える。ほかにも，自分の行動を適切にコントロールする経験が積めていないことから，攻撃的・衝動的な行動や多動性などが出てきやすい。また，受けた心の傷が放置されたまま育ち，心的外傷後ストレス障害（PTSD）として残ったり，反復性のトラウマにより解離症状を発現する場合もある。

　一方，虐待をしてしまう保護者自身も子どもへの対応がわからず，また周囲からの支援がなく，経済的な問題や夫婦関係などで困っている場合もある。自身の被虐待歴から社会性や自己コントロール力が育たず，攻撃的にならざるを得ない場合や，人への不信感が強く上手にSOSを出せない状態に陥っている，暴力による子育てになるなど，**世代間連鎖**が見られることもある。

　そのため，児童虐待を防ぐには，子どもの最善の利益の尊重と子どもの安全の確保の徹底を行いながら，家族全体への支援と虐待に至らないような予防にも力を入れることが求められる。

3-2　児童福祉法の改正における子ども家庭福祉の流れと市町村の役割

　1964年の厚生省事務次官通達において，家庭における児童福祉の向上を図る施策の一環として「**家庭児童相談室**」を福祉事務所に設置することが示され，市町村における子ども家庭福祉の相談機関として開設された。その後，増加する虐待対応件数を受けて2004年に児童福祉法が改正され，それまで児童相談所が担ってきた児童虐待の第一義的通告窓口と児童家庭相談を市町村で行うこととなり，国からは「児童家庭相談援助指針」が示された。そして，市町村は後の4節で述べる「**要保護児童対策地域協議会**」を設置し，要保護児童に対して

地域のネットワークで支援していくものとなった。

　次いで，2016年の児童福祉法改正により，「市町村子ども家庭支援指針」
（2017年３月31日通知）が厚生労働省より示され，子どもと家庭に身近な基礎
自治体である市町村が，虐待防止に関する子どもの安全と安心にとどまらず子
どもの権利を擁護するために，子どもと家庭の支援を行うことになった。また，
子どもにとってもっとも身近な市町村には，在宅支援を中心とした相談対応や
継続的なソーシャルワークを行う「**市区町村子ども家庭総合支援拠点**」の整備
が努力義務となり，人口約17万〜45万人までの中規模型では心理担当支援員を
常時１名，人口約45万人以上の大規模型では常時２名配置することとなった。

3-3　児童虐待の通告と在宅支援

　市町村には児童虐待の通告が，家族や親戚，近隣住民からに加え，学校や保
育所等の子どもの所属する機関，また生活保護や障害福祉，保健センター等の
庁内関係機関等，様々な機関から入ってくる。通告を受けると子どもとその家
庭に関する情報収集を行い，緊急受理会議を開いて**リスクアセスメント**を行っ
たうえで，子どもの安全確認や虐待者への対応，そして援助方針を決定する。
子どもの怪我の大きさや虐待の事象だけでなく，家族の抱える問題や虐待の起
こる背景など将来不適切な養育が起こる要因や，現在子どもの福祉を脅かして
いる要因について情報を集め評価していく**包括的なアセスメント**が重要である
（加藤，2018）。緊急性が高く危険な場合は速やかに児童相談所に送致し，一時
保護が行われる場合もある。

　通告後は必要に応じて子どもや保護者と会い，虐待に至った経緯や思いを聴
き取り，危険な状況についての確認と今後同様なことが起こらないための方法
の提案を行い，家族のニーズを把握して情報提供を行う。子どもの所属機関や
関係機関などと連携し，子どもや家族をネットワークで支援する在宅支援が始
まる。児童虐待を家族の構造的な問題としてとらえ，家族の歴史や家族間の関
係，経済的な背景などを含めた複合的な見立てを行い，それに従って援助方針
を立てることになる。たとえば，子どもが母親から殴られて頬に手型が残った

事例に対し，背景に父親の DV がある場合には母親のストレスや暴力への容認が考えられ DV 相談につなげる等の支援が，また母親の精神疾患からくる場合は精神科医療や精神保健，障害福祉との連携が，子どもの発達障害からくる問題行動への叱責として起こっているのであれば子ども相談から障害への理解や受診につなげることも必要になる。このように虐待の起こる要因をふまえて支援方針を立てることが必要とされる。その場合に保護者のこれまでの養育への労いや子どもへの思いを共感的に汲み取る作業を十分に行い，親の**強み**（**ストレングス**）や，子どもにどのように育ってほしいのか，何に困っているのか（ニーズ）を把握しながら，援助方針を作成していくことが重要である。

　児童虐待事例のうち，児童相談所が施設入所など親子を分離させずに在宅支援を継続させている割合は 9 割を超えると言われている。そのため，虐待が発見されてから虐待防止と重症化防止のため，市町村には子どもや保護者に寄り添って継続的に支援することが求められる。同時に，子どもに安全と安心が守られていない状況に対し，保護者が望まなくても介入的にかかわる必要があり，強い警告を行うような場合には，保健師や保育者などが保護者の思いに寄り添うというような役割分担が大切となる。

　前述のように危険性が高く児童相談所による一時保護となった場合も，子どもの行動観察や虐待者からの聴き取りなどによる調査が行われ，家族調整が可能になれば一時保護が解除されて在宅支援が継続されることになる。また，一旦施設入所等によって親子が分離しても，安定した関係が可能となれば再び家族が一緒に暮らせるようになる。その場合でも家族の問題が根本的に解決したわけでなく，再び生活が始まることでリスクが高まることもあり，地域の関係機関が情報を共有化して援助方針を決定し，在宅支援としての限界設定を明確にしたうえで抑えを行う役割と寄り添う役割というように役割分担を行い，支援していくことが重要である。保育所や子育て短期支援事業等での育児の軽減やレスパイト（休息），具体的な育児の助言をする役割，辛さを受け止める場など幾重にも支援の輪をつくり，安定した親子関係を築くまで長期的に地域で支援を行うことが大切である。

3-4　市町村における子ども家庭相談

　子ども家庭相談は住民にとって身近な相談の場であり，妊娠期から18歳までの子どもに関する相談，そして児童虐待に至るまで，様々な相談が寄せられる。また，公的機関として，乳幼児期にかかわる保健センター等母子保健担当部署や保育・子育て支援施設を所管する子育て支援担当部署，生活保護や障害福祉など福祉担当部署や児童（扶養）手当，子ども医療，ひとり親医療助成，助産制度など各種助成制度を行っている市町村の各部署と連携しやすく，情報が入りやすい。そのため，家庭および関係機関からの必要な実情の把握を行い，必要な福祉制度や地域サービス等の情報の提供，家庭その他からの相談に応じたり支援を行ったりする。相談にあたっての基本的な考え方として，つねに子どもの安全の確保を念頭におくことはもちろんのこと，子どもの最善の利益の尊重を優先し実行することが必要である。子どもに問題が生じる背景には，親子関係，夫婦関係，きょうだい関係，経済的状況，養育者の心身の状態，子どもの特性など養育環境全般について，家庭全体の問題としてとらえることが重要である。そのため，相談に関しての相談内容だけにとらわれず，相談者の意図や背景など相談の本質的な問題に目を向けて適切なアセスメントを行い，支援計画を決定していくことになる。虐待が疑われる場合には通告受理となるが，その他の相談についても受理会議を行い，援助方針を決定する。

　子ども家庭相談を行うにあたって必要なものとして，厚生労働省（2017）の「市町村子ども家庭支援指針」には以下の点が示されている。一つ目は子どもの心身の発達段階に応じた発達課題や表れやすい状態像，妊娠期から学校卒業後の自立期までに関する法制度や利用できる制度やサービス，各種施設や医療機関等の社会資源等に関する知識である。二つ目は子どもや保護者等と信頼関係を築き，主訴などの情報を的確につかむ面接技術である。そのためには相談者の意図や感情を尊重し，受容的に話を聴き，相談者との協働を心がけ，一緒に課題に取り組む姿勢と日常的に支援を受けられる体制づくりを相談者とともに考える態度も求められる。

4 要保護児童対策地域協議会

4-1 要保護児童対策地域協議会の構成と役割

　2004年度に改正された児童福祉法によって，**要保護児童対策地域協議会**（以下，要対協）が2005年度から各市区町村に設置され，2016年度では1,727カ所（99.2%）の設置となっている。

　要対協は，「要保護児童の適切な保護…（中略）…を図るため，関係機関，関係団体及び児童の福祉に関連する職務に従事する者その他の関係者により構成される要保護児童対策地域協議会を置く」（児童福祉法第25条の2）とされ，「要保護児童…（中略）…及びその保護者に関する情報その他要保護児童の適切な保護…（中略）…を図るために必要な情報の交換を行うとともに，支援対象児童等に対する支援の内容に関する協議を行うもの」と役割が規定されている。必要な情報の交換を行うとともに，要保護児童等に対する支援の内容に関する協議を行う。そして，それら全ケースの進行管理台帳を作成し，実務者会議の場において定期的に状況確認，主担当機関の確認，援助方針の見直しを行う。また，会議の参加を通じて問題意識の共有や必要に応じ的確な対応を取るための体制の確保を図ることになる。加えて，児童虐待の死亡事例のうち0歳児の死亡が4割以上であり，生後24時間以内の死亡である「0日死亡」も3分の1を占めることから（厚生労働省「子ども虐待による死亡事例の検証結果等について」第3次報告から第12次報告まで），妊娠期からの支援を必要とする養育者の早期把握と切れ目のない支援が求められ，とくに支援を必要とする「**特定妊婦**」や「**要支援児童**」についても，要対協において情報共有を行うこととなっている。

　要対協を構成するのは，児童相談所のほか，保健センター，保育所や幼稚園の主管課となる児童福祉主管課，学校の主管課になる教育委員会，また生活保護や障害福祉などの庁内関係課，医師会や警察，消防，弁護士，その他の地域の機関である。

要保護児童対策地域協議会

《役割》　要保護児童の適切な保護を図るために必要な情報の交換を行うとともに要保護児童等に対する支援の内容に関する協議を行うもの（児童福祉法第25条の2）		
代表者会議 【構成員】各機関の代表者 【役割】 ・実務者会議が円滑に開催されるための環境整備 ・子ども虐待防止システムの検討 【開催】年1〜2回程度	実務者会議 【構成員】各機関の実務者 【役割】 ・全ケースの総合的な把握 ・定期的な情報交換，援助方針の見直し（進行管理） ・啓発活動および代表者会議への報告 【開催】月1回もしくは年数回（地域の実情に合わせて）	個別ケース検討会議 【構成員】ケース担当者 【役割】 ・現状の把握や問題点の確認 ・支援の経過報告や情報共有 ・援助方針の確立と役割分担の決定 【開催】必要に応じて随時
調整機関　・地域協議会に関する事務の総括 ・支援の実施状況の進行管理 ・関係機関等との連絡調整		

図2-2　要保護児童対策地域協議会の構造と役割

（出所）「要保護児童対策地域協議会設置・運営指針」雇児発0331第6号より八木まとめ
八木・加藤・笹井・久保（2016）より

　協議会は，図2-2のように，構成員の代表者による「**代表者会議**」，実務担当者による「**実務者会議**」，そして担当者レベルで適時検討する会議の「**個別ケース検討会議**」の三層構造となっている。そして，要対協の調整機関として専門職を配置し，義務研修を受けること等の専門性が求められている。

4-2　要保護児童対策地域協議会における地域ネットワーク支援

　ここまでにも述べたように，児童虐待は，保護者の性格，経済状態，就労，夫婦関係，住居環境，近隣関係，親族との関係，医療的問題，子どもの特性など，多様な問題が複合的に作用して発生する。そのため，子どもにかかわる様々な関係機関がネットワークを生成して，多面的に丁寧な支援を行う必要がある。たとえば，子どもの身体的虐待の背景に生活保護を受けている世帯のひとり親である母親の精神疾患があった場合，生活保護のケースワーカーとの連携により母親の精神科受診を促し，ひとり親の支援や障害福祉のヘルパー派遣等の福祉サービスを提供する。そして地域の民生委員・児童委員等とも連携し

ながら，地域でネットワーク支援を行っていくことによって，家庭の安定を図り，子どもの安全を守る。地域の様々な資源やネットワークを生かし，継続的な支援を行うことが非常に重要である。

　一方で，複雑な背景があるからこそ，虐待がすぐに解決することは少なく，継続的な支援が必要となる。日ごろから関係機関同士が信頼関係を構築し，それぞれの特長と限界を理解し，互いに尊重し合い，連携を深めて粘り強く支援を継続していくことが重要である。そのためにも要対協としては連携の強化を視野に入れ，役割分担や方針を説明できる力が必要とされる。また，個別ケース検討会議で介入や支援の方向性を定め，各機関の役割を明確にしていくことも大切である。

5　市町村の子ども家庭支援における心理職の役割

　市町村には「国及び地方公共団体は，児童の保護者とともに，児童を心身ともに健やかに育成する責任を負う」（児童福祉法第2条）とあるように，公的機関として子どもと家庭の支援を担うことになっており，そこで心理職は発達や子どもの相談のほか，職員として心理職としての専門性を生かしながら公務に携わる場合など，様々な役割を担っている。

　これまで各節で述べてきたように，乳幼児期においては母子保健として乳幼児健診の発達相談等において乳幼児の子どもをもつ保護者から，子どもの発達や障害，また育児の困難さなどについて相談を受けることになる。ほかにも事後フォローグループにおいて保育士や保健師と一緒に，親子の通所指導にかかわる場合もある。保育所や幼稚園等では市町村の巡回相談員として各園の巡回を行い，障害児保育の対象児童や気になる子どもに対する発達状況の把握とそれを踏まえた保育所等への助言指導を行う役割を担っている。ほかにも児童発達支援センターにおいて，通所児への支援や地域支援において発達に関する計画相談や支援を行うことになる。そして，子ども家庭相談としては18歳までの子どもに関する様々な相談や子ども虐待の対応について，保護者や子どもに対

> ☕コラム　ある心理相談員のインタビューから ‼‼‼‼‼‼‼‼‼‼‼‼‼
>
> 　正職員として，健診の発達相談やその後のフォローとして継続的な個別相談で保護者に出会ってきました。乳児期からの保護者との出会いは，子どもの発達の問題に気づいていないところからの出会いになることも多くあります。気づく過程で大きく揺れたり葛藤したり，落ち込んだりするお母さんに寄り添って付き合う中で，子どもの変わっていく姿を一緒に見ていきながら，子どもの障害と向き合ってお母さんも育っていかれます。私たちの役割は，確定診断をするのではなく，子どものやりにくさやかかわり方などを一緒に考え，寄り添いながら親と子のアセスメントを行いながら，ときには事実を確認しながら，医療職とは異なるアプローチをしていきます。また，心理職だからこそ気づく視点を他の職種に伝えるとともに，保健師などチームのメンバーの話を聴き，メンバー間がどのような役割でかかわっていくのかを一緒に考えることで，メンバー間の課題認識の共有や役割の確認などができていると感じます。

して面接や家庭訪問などを行う。市町村によっては，グループ指導やプログラムなど家族に対するアプローチによって家族関係調整を行う場合や，子どもへの発達面や心理面のアセスメントのための心理検査，遊戯療法やソーシャル・スキル・トレーニング等子どもへのアプローチを行っているところもある。

　子どもに関する相談に対しては，子どもの心身の発達や行動などについての保護者等の相談者の訴えを受容的に聴き，子どもや家族の問題を的確に把握し，その背景の理解も含めアセスメントを行う。障害受容等子どもの課題と向き合わなければならないときは，保護者は受け入れがたく，苦しみを伴うこともある。保護者の心の揺れや戸惑いを受け止め，寄り添いながら支援を行うことも大切な役割となる。子どもに関する相談の中で，ときには発達や家族関係等の課題から生じる子どもの行動上の問題への苛立ちやストレスにより，暴力のエスカレートや不適切な対応に陥ることもあり，児童虐待を発見することも役割の一つである。そのような場合は子どもの安全にかかわる危機へのリスクアセスメントに目を向けておく必要がある。そして心理相談を行う場合でも，家族や地域，環境，社会全体に目を向けたソーシャルワーク的な視点や子どもの安全と安心のためにはアウトリーチ的な支援も必要となる場合もあり，組織としての判断が必要となる。

多職種連携においては，幼児期の支援にかかわる保健センターや児童発達支援センター等には保健師，保育士，理学療法士，作業療法士，言語聴覚士といった職種が，そして子ども家庭支援としては障害福祉や生活保護，保健所，社会福祉協議会等の社会福祉士や精神保健福祉士，子どもの所属する学校や医療機関の職員など様々な職種との連携が欠かせない。スムーズな連携のためには保護者や子どもの心理学的視点での理解や状況把握の内容を，関係機関の他の職種にわかりやすく伝えることが基本になる。専門職に対しての傾聴による気づきの促し等も行い，それらの専門性が効果的に働くようにコンサルテーションを行うことも役割の一つと考えられる。ほかにも，保育所や学校，福祉事務所，医療機関等の関係機関の得意な分野や特徴を的確に把握し，様々な機関をコーディネートしたり，新たなコラボレーションを作り上げることも心理職として可能となる。

　児童虐待においてはネグレクト等長期的な支援を要するケースも多く，長引く支援によって疲弊感や焦燥感が生まれ，改善が見られないことからときにはネットワークの支援者同士が互いに批判的感情を抱く場合もある。また地域の多職種によるネットワークが展開されるなかで，支援者に起きてしまう認知的バイアスから共通認識が困難になり支援方針が定まらないときもある。心理職としては，それらの集団力動やストレスマネジメントの知識に基づき，メンバーの役割や限界を理解し，それぞれのメンバーがより効果的に力を発揮できるようコンサルテーションを行うことが可能である。そして，個別のケースに対する子どもや家族についての心理学的アセスメントや，リスクやストレングスに関する心理学的視点を用いて，より適切な支援方針を決定できる役割となる。ほかにも，受容的態度でそれぞれの思いや役割を言語化して，それまで気づかなかったところに焦点を当てたり，役割に意味づけを行ったりすることで，ネットワークの支援者間の潤滑油的な役割を果たすことも心理職の役割と言えよう。

　市町村は子どもや家族の暮らす基礎自治体として，住民サービスを行う役割を担う。子どもの健やかな成長が家族生活や地域，所属機関などにおいて行わ

れるためには，心理職は地域の支援者や関係機関と連携し，福祉サービスや資源等の情報を把握し，生活の場である家庭や地域につねに意識をおく支援を行うことが大切である。

❖考えてみよう

・健診での発達相談で，子どもの話よりも夫の愚痴ばかりを話そうとする母親に対して，心理職としてどのような点でかかわることができるだろうか。

・保育所で，発達の遅れがあるのに母親はそれを否定するので，「このままだと子どもの育ちに悪影響があるので何とかしてください」と言ってくる保育士に，どのように伝えていけばよいだろうか。

・自閉症スペクトラムと診断されている小学2年生の男の子がクラスの子を突き飛ばして骨折させたことから，相手の親御さんから「いじめだ」と言ってクラス替えを要望されているという相談があった。相談員としてどのようなことができるだろうか。

・幼稚園児の言葉の相談で来談した母親から「先生だから話しますが，昨晩腹が立って，子どもの首をしめてしまい，危なかったんです」と泣きながら相談を受けた。そのようなとき，相談を受けた心理職としては，どうしたらいいだろうか。

 もっと深く，広く学びたい人への文献紹介

白石　正久（1996）．発達の扉　上下巻　子どもの発達の道すじ　障害児の保育・教育・子育て　かもがわ出版

　　☞写真が豊富で，具体的な子どもの発達の様子が事例も含めてわかりやすく描かれており，子どもとかかわる人には読んでほしい本。

全国保育団体連絡会（編）（2010）．なかまといっしょに育ちあうくらし　ちいさいなかま2010年1月臨時増刊号　ちいさいなかま社

　　☞子どもの姿や保育所のクラスでの様子がわかりやすく書かれており，何といっても薄くて読みやすいシリーズ。

村瀬　嘉代子（1996）．子どもの心に出会うとき　心理療法の背景と技法　金剛出版

　　☞心理士としての子どもへの基本的な姿勢や面接，セラピー，様々な技法について書かれており，何年経っても新たな気づきを与えてくれる書。

加藤　曜子（2002）．まずは子どもを抱きしめて　親子を虐待から救うネットワークの力　朝日新聞社

　　☞児童虐待を考えるうえで，親の気持ちや支援の大切さ，歴史的経過，実際

の取り組みなど事例を豊富に加えて書かれている入門書的な本。

引用・参考文献

芦澤 清音・浜谷 直人・田中 浩司（2008）．幼稚園への巡回相談による支援の機能と構造——X市における発達臨床コンサルテーションの分析—— 発達心理学研究，*19*，252-263.

浜谷 直人（2006）．障害児等のインクルージョン保育を支援する巡回相談 心理科学，*26*(2)，1-10.

加藤 曜子（2018）．児童相談所と市町村の共通アセスメントツール作成に関する調査研究——在宅支援アセスメント・プランニングシート作成—— 平成29年度子ども・子育て支援推進調査研究事業（厚生労働省）

木原 久美子（2011）．巡回発達相談による「気になる」子どもの保育支援 発達相談員としての力量形成のための私論 帝京大学心理学紀要，*15*，39-52.

近藤 直子・白石 恵理子・張 貞京・藤野 友紀・松原 巨子（2001）．障害乳幼児施策全国実態調査——自治体における障害児乳幼児対策の実態—— 障害児問題研究，*29*，96-123.

厚生省児童家庭局長通知（1996）．母性，乳幼児に対する健康診査及び保健指導の実施について

厚生省児童家庭局長通知（1997）．子どもの心の健康づくり対策事業実施要綱

厚生労働省 児童発達支援ガイドライン

厚生労働省子ども家庭局（2015）．母子保健関連施策

厚生労働省雇用均等・児童家庭局（2013）．子ども虐待対応の手引き（平成25年8月改正版）

厚生労働省雇用均等・児童家庭局（2014）．健やか親子21（第2次）

厚生労働省雇用均等・児童家庭局（2017）．市町村子ども家庭支援指針（ガイドライン）

三上 岳（2013）．障害児保育における巡回相談の歴史と今後の課題 京都橘大学研究紀要，135-156.

大島 剛（2013）．検査結果を伝える相手が異なる 大島 剛他（著） 発達相談と新版K式発達検査（p.17） 明石書店

大島 剛（2015）．新版K式発達検査の魅力 川畑 隆（編著） 子ども・家族支援に役立つアセスメントの技とコツ（p.53） 明石書店

山崎 嘉久（2015）．標準的な乳幼児健診（集団検診）モデルと本書に示した考え方の概観 「標準的な乳幼児期の健康診査と保健指導に関する手引き～健やか親子21（第2次）」の達成に向けて 平成26年度厚生労働科学研究費補助金（成育疾患克服等次世代育成基盤研究事業）乳幼児健康診査の実施と評価ならびに多職種連携による母子保健指導のあり方に関する研究班

八木 安理子・加藤 曜子・笹井 康治・久保 宏子 (2016). 地域ネットワークの役割　子どもの虐待とネグレクト, *18*(2), 223.

第3章 児童相談所や婦人相談所等での援助業務
——子ども・女性・家族相談の成り立ち

宮井研治・貞木隆志・高下洋之・春原由紀

> 　かつて福祉畑の心理職にとって，児童相談所や婦人相談所で働くことは，誇らしいという意識があったはずである。少なくとも児童相談所の児童心理司として長らく働いてきた筆者にとっては，そうした意識はあった。過去形なのは，今は単純には言い切れない現状があるからである。一言で言えば仕事がたいへんだからである。仕事を難しく，苛酷にしている大きな要因の一つとして近年の「虐待対応の難しさ」を挙げても，多くの方に賛同いただけると思われる。女性相談所であれば「DV相談の難しさ」がそれにあたろう。それでもなお，これらの現場は「心理を専門とする者が働きたいところ」であると思う。そのような援助業務の具体を，心理職（を目指す人）に向けて紹介することがこの章の目的である。
> 　　　　　　　　　　　　　　　　　　　　　　　　　　　　　（宮井研治）

1　児童相談所における相談・チームアプローチ

宮井研治

1-1　児童相談所の成り立ち

　児童相談所（以下，児相と記す）は，その成り立ちと変遷からして，時代と隣り合わせにある専門機関だと言える。児相の創立は1947（昭和22）年にさかのぼる。児童福祉法の成立によるものである。草創期の児相の役目の主たるものは，戦災により浮浪に追い込まれてしまった子どもたちへの対応だったとされる（津崎，2001）。つまり当時の社会的ニーズへの対応である。社会からの求めに応じて，子どもに関する困りごとに対し，**行政サービスを専門性をもって**

行うということについては，現在に至るまで変わってはいない児相の一貫性である。このあたりの設置目的については，「**児童相談所運営指針**」（厚生労働省，2018）に明記されている。公的な機関にはその設置に関して取り仕切る省庁がつくった指針がある。児相については，厚生労働省である。保育所にも「保育所保育指針」がある。個人的なことを言わせてもらえば，役所が作成する文章というのは読みにくくて，児相職員になりたてのときは，読んでもすぐに頭に入ってこなかったが，現在必要な箇所を読み直してみると，端的に明文化されているのには驚かされる。こうした教科書は困ったときに指針を与えてくれるということがよくわかる。

【児童相談所の設置目的】

児童相談所は，市町村と適切な協働・連携・役割分担を図りつつ，子どもに関する家庭その他からの相談に応じ，子どもが有する問題又は子どもの真のニーズ，子どもの置かれた環境の状況等を的確に捉え，個々の子どもや家庭に適切な援助を行い，もって子どもの福祉を図るとともに，その権利を擁護すること（「相談援助活動」という）を主たる目的として都道府県，指定都市及び児童相談所設置市に設置される行政機関である。」　　　　　　　　　　　（児童相談所運営指針より）

　では社会的ニーズに応える形で，どのような具体性をもって，児相は各相談に対応してきたのか。そうした各論とも言える具体的相談対応については，運営指針という教科書をもとにしながら，各児相という現場が手探りで行ってきたものと思われる。その手探りの蓄積が，手順化され，共有され，ほころびを指摘する形で，逆に運営指針の改定につながるような循環を繰り返してきたのであろう。つまり，児相の変遷の方向性は，主体的積極的というよりは，受け身的で事件が起こってから様子を見て動くという流れの中で見定められてきたものではなかろうか。多くの役所仕事がそうであるように，児相も時代の写し鏡とすれば仕方のないことかと考えられる。

　その変遷を戦後の混乱の収拾の一役を担っていた時代から追ってみたい。まずは，前述した**戦災浮浪の子どもたち**の受け入れ先をどうするかの時代であろう。このころの児相の様子など，筆者などには想像することも難しいが，人情に厚いケースワーカーらが路頭に迷う子どもらの受け入れ先を，手弁当で探し

50

　回っていたのではなかろうか。戦後の混乱が収まってくると，**少年非行への対応**が児相の課題となった時期があったようである。悪いことをした子が行くところという一時期の児相のイメージはここでつくられたものだろう。その後は，1973（昭和48）年の**療育手帳制度**の創設に伴い，子どもの手帳判定がほぼ児相に委ねられたことが大きな変遷と位置づけられる。

　その後も，「登校拒否」「自閉症」に関する記事がマスコミに取り上げられると，その関連の問い合わせが児相へも増え，遅ればせながらその対策を講じていくという繰り返しであったように思う。しかしながら，筆者がすでに児相に所属を始めていた1993（平成5）年の児相心理の全国研修会のテーマの中に「児相を今より世の中に認知してもらうにはどのような手だてがあるのか？」といったものがあった。当時の児相が，それぐらいまだのんびりしていたということを実感として覚えている。断っておくが，"のんびり"というのは暇という意味ではなく，現在の児相との仕事の質の違いである。

　個人的な感想で言えば，児相が世の中に認知され始めた分岐点の出来事は，1995（平成7）年の**阪神・淡路大震災**への全国の児相からの派遣事業と，同じく1995（平成7）年の**オウム真理教事件**関連で信者の子どもが山梨県の児相に一時保護されたエピソードである。マスメディアの報道は圧倒的に後者の方が大きかったものの，災害や事件とかかわることで，児相の一員として良くも悪くも世の中と積極的にコミットせざるを得ない状況を目の当たりにした感があった。

　そして，現在の児相は，1993（平成5）年にその存在をどう世間に知らしめようかと心配されていた児相とは明らかに違っている。世間に耳目を集める公的福祉機関となっている。その機動力となっているのが「虐待対応」であることは間違いない。悲惨な児童虐待絡みの事件がメディアに登場するたびに，関係対応機関である当該児相や市町村の対応の失敗や遅さが問題とされる。一方で，うまく対応できた虐待事例や児相が対応するその他の相談である障害相談，非行相談，育成相談，あるいは一時保護機能，市町村との連携などに関するものはあまり取り上げられないという現実がある。

いずれにしろ，現在の児相の行動基準は，「児童ファースト」である。「虐待の定義」においても，親の虐待へと至る意図が子どものためを思ってというところからスタートしたとしても，その行為が子どもにとって有害かどうかという一点で判断するのである。子どもにとって有害なら「虐待」なのである（小林，1994）。それが子どもの安心安全を守ることであり，子どもを守るための家庭支援であって，家族の安心安全ではないのである。それが現状である。しかしながら，子どもの本意は「自分にとって安心安全な家庭に戻して，そこに再び返してほしい」というものであって，けっして「別の家庭がほしい」「今の家族を解体してほしい」というものではないのであろう。このことは，今までも議論されてきたし，今後も議論されていかなければならない。

1-2　児童相談所で働く人たち

前述したように，児相の対応する相談の種類は，「虐待対応」だけではないのである。主たるものとして，「**養護相談**」「**障害相談**」「**非行相談**」「**育成相談**」の 4 種である。業務としては，**一時保護所（一時保護機能）**が併設される。さらに当たり前ではあるが，この相談業務を執り行っていくために総務部門が存在する。専門職も多いが，それだけでは成り立たないのが組織である。

「養護相談」とは，何らかの理由で親がいなかったり，親が育てられなかったりする場合の相談である。理由は，遺棄，両親の離婚や病気などがある。この中に「虐待対応」が含まれる。

「障害相談」とは，子どもの障害に関する調査，診断・判定をして必要な援助に結びつけるものである。療育手帳の判定もここに含まれる。

「非行相談」とは，子どもの非行に関する親，学校，警察等からの相談・通告に対応するものである。

「育成相談」とは，子どもの性格行動や，親のしつけ，適性，不登校などに関する相談である。

これだけ眺めてみても，現行では18歳未満の子どもの多種多様な相談に対応することが児相の任務であることがわかる。子どもに関する「何でも相談所」

として存在してきたし，基本的にこれからもそうであろう。いかなる相談にも対応できるように，児相には多くの専門職が存在する。

　ちなみに管理職部門は割愛し職種を並べていくと，**児童福祉司**，**児童心理司**，**医師**（精神科医，小児科医），**保健師**，**看護師**，**児童指導員**および**保育士**，**理学療法士**等（言語治療担当職員を含む）である。もちろん，すべて配置する必要はなく，児相の規模によって人口150万人以上の地方公共団体の中央児童相談所をA級，その他の児童相談所はB級として，配置基準が示されている。

　児童心理司の資格については，児童相談所運営指針において，児相の中だけで通じる**任用資格**であって，大学及び大学院において心理学を専修する学科等の課程を修めて卒業した者等とするとなっている。もちろん，その上で，地方公務員の試験に受かることが必要である。しかし，公認心理師が誕生することにより，2018（平成30）年7月20日の運営指針の改定で，児童心理司の任用資格を有するものとして公認心理師が該当することが明確化された。このことは，公認心理師にならないと，児相の児童心理司になれないということを意味するわけではないが，物差しとして国家資格は使われやすいということをあらためて感じさせる出来事であった。ただ，資格はスタートにすぎず，役に立つ専門性はつねに業務の中で培われていくものであることは，新しく児相デビューする人たちには何度でも告げておきたい。

1-3　児童心理司と他職種とのチームアプローチ

　児相の業務の遂行と，専門性の担保は，**チーム協議（チームアプローチ）**に支えられている。このことも，運営指針に明記されている。具体的業務遂行体制としては，ケースの「**受理会議**」「**判定会議**」「**援助方針会議**」を通して作業するとされている。ここで公認心理師も児童心理司として，児相で働くうえにおいてはチームで援助活動にあたることになる。専門性から言えば，児童福祉司等によって**社会診断**がなされ，児童心理司によって**心理診断**，医師による**医学診断**，一時保護所の児童指導員，保育士等による**行動診断**をもとに総合的に診断し，援助の方向を決める。ここで大事なのが可能な限り，子どもや保護者

との協議を重ね意向を反映させることである。当事者参加である。児童虐待ケースにおいてでさえ，この姿勢は重要であるが難題でもある。

　チームアプローチによる合議制とはいっても，児相での主役と言えば，児童福祉司にほかならない。長らく児相で仕事をしてきた立場から言うと，すべてではないが，ほぼ業務遂行の実際は児童福祉司が主担当として相談を受け，それから心理，医療，一時保護といった専門性をピックアップしながら，進んでいく感じがする。その中で，あるケースにおいては，医療の意見が重宝され，またあるケースのおいては一時保護所の存在が重要になったという経験がある。一つのたとえとして，児童福祉司はバスを手配するツアーコンダクターであり，精神科医や児童心理司，保育士が乗り込み，行き先を決めながら旅程を決めていく感じである。いつも同じメンバーではないがほぼ決まっている。ここに子どもや保護者を乗せることができればその旅はよいところへ行けそうな気がするが，旅はそう単純ではない。なぜなら，行き先の一致が難しいからである。

2　児童相談所における司法との連携

貞木隆志

　「最近，気合いの入った非行少年の相談，ほとんどありませんよね」

　児童相談所の職員や警察関係者の間で囁かれる話である。虐待や障害の相談件数が増加する一方，児童相談所が受理する非行相談は減少している（図3-2-1)。

　しかし，こういった流れとは逆に性的問題行動の相談件数は増えており，児童相談所はその対応に追われている。また，虐待ケースでも場合によっては司法領域の組織や関係者との連携が必要である。ここでは基本的な連携の流れを紹介するとともに，最近の動向について触れてみたい。

2-1　非行ケースにおける連携

　児童福祉法および少年法にもとづき，警察から児童相談所，家庭裁判所から児童相談所，児童相談所から家庭裁判所という大きな流れがある。図3-2-2は

これを図式化したものである。

警察からの通告

　警察が保護した〈犯少年・触法少年〉のうち，児童相談所での指導や支援が適切と判断されたケースは，児童相談所に通告が行われて相談が始まる。家出・夜間徘徊・窃盗・傷害・強制わいせつ等の主訴に加えて，近年はインターネットやSNSの利用をめぐる問題が目立つようになってきた。

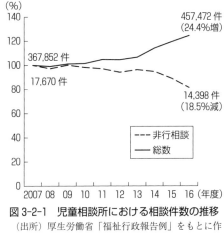

図3-2-1　児童相談所における相談件数の推移
（出所）厚生労働省「福祉行政報告例」をもとに作成

　相談の流れは，①児童福祉司による社会調査，②児童心理司による心理アセスメント，③子ども・保護者への助言や指導，継続指導の実施等が基本となる。また，児童精神科医による医学的アセスメントが実施されることがあるほか，子どもや家庭の状況，問題の重大性等の観点から一時保護の場合もある。

家庭裁判所からの送致

　家庭裁判所の審判の結果，児童相談所での指導や支援が適切と判断されたケースは，**児童相談所長送致**となる。相談の基本的な流れは上記と同様だが，通常は在宅での指導・支援が行われる。審判において「**児童自立支援施設（または児童養護施設）送致**」とされたケースは，これら入所施設での指導や支援が

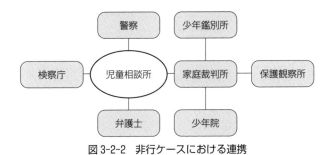

図3-2-2　非行ケースにおける連携

実施されることになる。

家庭裁判所への送致

問題の重大性や子どもや家族の状況により，福祉の枠組みよりも法的拘束力をもつ司法の枠組みが必要と児童相談所が判断したケースは，**家庭裁判所送致**という手続きがとられ，家庭裁判所での審判を求めることになる。

2-2　虐待ケースにおける連携

虐待ケースでも，様々な局面で児童相談所は司法関係機関と連携する。主なかかわりを以下にあげておく。

初動対応

警察が虐待を受けている子どもを見つけた場合，児童相談所に通告がなされる。また，虐待の疑いがあるケースにおいて，保護者が調査に応じなかった場合，児童相談所は家庭裁判所の許可を得て，警察とともに臨検を実施できる。これらに加えて，虐待による重大な事件や事故の発生を防止する目的で，近年，児童相談所と警察との情報共有体制が急速に強化されつつある。

一時保護

親権者等の意に反して2か月を超えて一時保護を行う場合，2018（平成30）年4月より家庭裁判所の承認が必要になっている。

施設入所や里親委託など

虐待ケースに関して保護者の意向と児童相談所の方針が対立したとき，児童相談所長は**児童福祉法第28条の申立て**を家庭裁判所に行う。審判で申立てが認められると，保護者の同意を得ずに子どもを施設に入所させたり，里親に委託することが可能となる。また，重篤なケースの場合，児童相談所長は**親権の停止や親権の喪失**を家庭裁判所に申し立てる場合もある。こういった法的手続きを進める際は，弁護士との連携が必要不可欠である。

司法面接

性的虐待は事実関係の把握が難しく，加害者を告発する際は被害児の証言が重要な証拠となるため，**司法面接**（フォレンジック・インタビュー）の手続きが

導入されつつある。司法面接とは，物的証拠が残りにくく，当事者の証言が重要となる事案において，当事者の負担を軽減しつつ，法的手続きに耐え得るよう誘導を用いず聴き取りを行う方法である。被害体験の聴き取りを繰り返すと，子どもの傷つきを深めるおそれがあるため，現在は児童相談所・警察・検察の三者が合同で司法面接を実施するケースが増えている。

2-3　ぐ犯・触法児童への対応と支援

本節の冒頭で触れたように，性的逸脱行動に関する相談件数は増加している。被害者や周囲に与える影響が重大であるため，再発防止の取り組みが必須となる。ここでは架空の事例を取り上げ，相談の流れを紹介してみよう。

【事例A】中学1年生の男児

自宅から遠く離れた公園で年少女児の性器を触る等の触法行為があったため，警察はAを○○児童相談所に書類通告した。[1]

○○児童相談所の児童福祉司BはAとAの両親と面接し，今後の相談の流れを説明するとともに生活状況の聴取を実施したほか，家庭での見守りの重要性を説明した。また，両親の了解を得て学校に連絡し，学校での様子について情報を集めた。

後日，児童心理司CはAに対し知能検査や人格検査等の心理テスト，行動観察を実施し，性暴力に関する聴き取りを行った。アセスメントの結果，在宅指導の枠組みで認知行動療法を主とする再発防止プログラム[2]を実施する方針となった。[3] AとAの両親はこの方針に同意し，支援が開始された。

プログラムを通してAは自身の思考の誤りに気づき，感情のコントロール法

→ 1　書類通告では警察から児童相談所に通告書が送られ，相談が始まる。身柄付通告は警察から児童相談所に通告書とともに子どもが移送されて，相談が始まる。

→ 2　カーンのロードマップ（Kahn, 2007）とパスウェイズ（Kahn, 2001），ハンセンとカーン（Hansen & Kahn, 2012）のフットプリント等が利用されている。グループワークを実践する児童相談所もある。子どもだけでなく，家族への指導や支援も重要である。

→ 3　アセスメントの結果，児童自立支援施設等の施設入所となるケースも多い。被害児童の安心・安全への配慮も忘れてはならない。

や被害者に与えた影響を学ぶとともに，望ましい方法で自分のニーズを満たす方法を考えるようになった。また，Ａの両親は家族関係の問題が性暴力につながる要因のひとつだったと気づき，Ａへのかかわり方を変えていった。

　性的逸脱行動があるケースの対応では，子どものニーズをアセスメントし，認知や行動の変化を促すと同時に，家族への支援・指導や関係機関との連携も重要なポイントとなる。

2-4　よりよい支援を実践するために

　児童相談所の業務のあり方は急激に変わってきた。また，虐待対策の一環で警察や家庭裁判所との連携強化が進められている。子どもの安心・安全を守り，実効性のある支援を行うためには，新しい方法論とともに，法制度や組織の枠組みを正しく理解しておく必要があると言えよう。

3　児童虐待防止の取り組みにおける児童心理司の役割

高下洋之

3-1　虐待によって生じる影響のアセスメント

　虐待を受けた体験は，心の傷とか骨折にたとえられることがある。骨折ならばレントゲン等でどういう状態にあるのかを把握することもできるが，心に負った傷は外から見ることができず，どういう状態なのかをつかむのが難しい。
　また何度も繰り返され頻回なものになると，複雑骨折やガラス材が砕けたような状態に表されるように，原形がどうであったのか判然としない変形・混沌としたものになる。
　人は虐待という異常事態の中でも，その環境に適応していこうとする。たとえば，繰り返し叱責や体罰を受ける状況が続くと，精神的にきつくなり耐え切れなくなるものだが，その状況を無視し感情に蓋をすれば辛さは軽減していく。親が自分にばかり怒る理由がわからない場合，子どもは自分が悪いからと思い込むことで，親の理不尽な虐待の意味や理由を子どもなりに見出そうとするこ

ともある。あるいは，親からの攻撃をかわそうとするため，内心では警戒しているのに，笑顔を張りつかせた表情を浮かべ続けるようになる場合もある。

子どもが身につけた虐待環境で生き残る術は，骨折やバラバラになった欠片をどうにか修復しようとする応急方法なので，周囲に理解されにくく生きづらさの原因となる。本人にも周囲にも，そもそもどうしてそのような行動をとるのかが理解しがたく，優しくされたいと切望しながら相手から負のかかわりを引き寄せてしまう。もつれた糸をほぐそうとしているのに，さらにもつれが酷くなり収拾がつかなくなる状態に似ている。

親が子どもを爆発的に叱り虐待に至るのにも，背景にいくつかの要因が重なっていると考えられる。**経済的困窮**や周囲との良好な支援関係を維持できない問題はその一つであると言えよう。あるいは親自身が子ども時代に愛され大切にされた体験に乏しく，親から受けた不適切なかかわりを知らず知らずに取ってしまうことも考えられよう。また，子ども時代の不遇な体験が未解決のまま残っていて，子育てする際，子どもの反応から子ども時代の整理されない不快な感情が突発的に沸き起こり，コントロール不能な状態で溢れ出てくるのだろう。

こういった行動について，親や子の当事者自身は，虐待という渦の中に飲み込まれ，何が起きているのかさえ理解できていない場合が多い。

絡まった糸は，どのように始まりどう維持されているのか。子どもや親の示す行動の背景に，どういうメカニズムが働いているのか。子どもや親の生い立ちを辿り，どのように生活し，どのようなかかわりがあったのかの情報を集めていく。そして，それらについて，**発達理論**や**トラウマ**の影響等々の心理学的知見を用いながら理解していく。

これらの**アセスメント**は，いわば心のレントゲンにあたり，支援者が，何をどのように支援していくのかを示す地図（大まかな設計図）になる。心の中を見るのは難しく，試行錯誤しつつ，新たな情報が加わるごとに更新し使える地図を作っていく。児童心理司の重要な役割がここにあると言える。

3-2　子どもの状態理解と支援

　虐待の支援にかかわる者は，虐待による影響について知っておく必要がある。

　子どもは繰り返し虐待を受け続けると，「誰も私のことなんて好きなはずがない」「優しくしてくれるのは，私を喜ばせてがっかりさせようとしているからだ」「どうせ私のことを裏切るはず」「裏切られるのなら，私の方から裏切ってやる」といった**低い自尊心**や**他者への不信**をこびりつかせた**歪んだとらえ方**をしてしまうようになる。

　虐待だけでも相当傷つけられているのに，傷つけた親以外の他者との関係においても，物事のとらえ方の歪みから，良好な対人関係が作りにくくなる。

　児童心理司は，虐待によって起きる影響について，子どもや親に症状のメカニズムを説明する役割を担う。子どもは何が起きているのかを理解できると，「自分がおかしかったわけではなかったのかも」と自分を否定的にとらえることが減り症状が緩和する場合がある。また親への説明は，子どもの行動理解につながり，不適切なかかわりを減らす助けになっていく。

　子どもへの虐待の影響が重篤な場合には，**セラピー**の実施を考えていく。その骨子は，人は自分を傷つけるわけではなく，大切に扱ってくれるという「育ち直し」の体験をもつことで，他者不信の修正・緩和を図ることにある。セラピストとのかかわりや遊びを通し，抑制されていた感情を表出し，受け止めてもらうことは，虐待によってバラバラになった記憶や感情を修復する作業になっていく。また遊ぶことや様々な思いを表出すること自体がカタルシス効果をもつと言える。

　虐待によって施設や里親宅で生活するようになった子どもは，自分にどういうことがあり，家から分離されたのかを詳しく理解できていないことが少なくない。酷い場合には，過去の記憶がごっそり抜けていることもある。子どもは理由がわからないと，容易に自分が悪い子だからととらえるようになる。自分の頼るべき親を悪く思いたくないというのもあるし，対人関係で様々なトラブルを示す自分は嫌われてもしょうがないと思うからなのだろう。どういう理由で自分がここにいるのか，過去から現在に至る自分のバラバラになった欠片を

拾い集めつないでいく「ライフストーリーワーク」が必要になる（第4章2節）。その作業の骨子は，自分が悪いわけではなく，自分を大切に思いサポートしてくれる人もいて，自分のいるこの世界が酷いものじゃないと気づくことにある。過去から現在までの自分を統合するだけでなく，自分と周囲をつなぐ関係性を再発見するという意味ももつと言える。

　最後に，虐待された子どもが保護されている施設職員や里親に対し，児童心理司は子どもの状態像や支援方法についてわかりやすく説明し相談にのっていくことで子どもとかかわるスタッフをサポートしていくことが求められている。それが子どもの支援につながる重要な役割と言える。

3-3　養育者への再発防止支援

　世間は，虐待する養育者に対し「酷い奴だ」「親失格だ」等バッシングする方向にしばしば流れやすい。しかし，養育者をバッシングしたからといって，子どもの状況がよくなるわけではない。親にも親の事情があったはずで，その事情を理解し，親を支援する方が，子どもの安心できる環境を作り出せるように思う。

　虐待は，親に注意したからといって簡単に消失するものではない。むしろ子どものせいで自分が責められていると被害的にとらえ，その腹いせが子どもに向かうこともある。親の中には，子どもを自分の所有物のようにとらえ，「親を困らせる子どもを叱ってなぜ悪い」と思い込んでいる者もいる。子どもの育つ環境を安心できるものにするには，親自身の子どもへのかかわり方を変えていくことが，親子双方の利点になっていく。そのことを親自身が納得できるよう**動機づけ**を行うことが必要になる。ポイントは，問題ばかりを焦点化するのではなく，「うまくいっていることは何か」「親の子どもへのかかわりの好ましいことはどういうことか」「虐待に至らず，ひどくならずにおさまるのはどういう状況で，どうかかわっているのか」などに注目することである。親が責められていると感じず，何とかうまくやれるかもしれないと取り組めるよう，問題が起きていない状況を意図的に取り扱う必要がある。

また，親自身の子ども時代の不遇な体験・感情について整理し，子育てする際に湧き上がる怒りや嫉妬等の虐待を誘発しそうな感情をコントロールできるように，また自分自身についての気づきと改善を図っていけるように対話を重ねることも必要である。

　個人カウンセリングやグループカウンセリング，養育技術の習得を意図した**ペアレントトレーニング**等々，種々の**養育者支援**があり，どういう支援が有効なのかを見立ててつなぐ（そして自分が行う）のも児童心理司の役割と言える。

4　DV（配偶者からの暴力）被害者への支援

春原由紀

4-1　DVと児童虐待

DV防止法（配偶者からの暴力の防止及び被害者の保護等に関する法律）について

　2001（平成13）年に公布，施行され，その後2004年・2007年・2013年と改正が進んでいる。

＊DVとされる暴力は，以下のとおりである。

　①**身体的暴力**　②**精神的な暴力**　③**経済的な暴力**　④**性的な暴力**

＊**DV被害者の支援**については，以下の機関が対応している。

　①配偶者暴力相談支援センター　②婦人相談所　③民間シェルター　④警察

児童虐待防止法（児童虐待の防止等に関する法律）について

　2000（平成12）年11月に施行され，2004（平成16）年，2007（平成19）年，2016（平成28）年と改正が進んでいる。2004（平成16）年の改正において「**DVの目撃**」が新たに子どもの心理的虐待に位置づけられ，**面前DV**と称されている。目撃とは，たんにDVの現場を見ていたということではなく，DVが起きている家庭環境で育っている子どもの受ける虐待ととらえなくてはならない。

二つの法律の狭間で

　DVの起きた家庭の多くに子どもが存在する。DV防止法では，被害者を「配偶者からの暴力をうけた者」と規定しているため，婦人相談所やシェルターに避難しても支援は母親に対するものがほとんどで，子どもは同伴者として

の位置づけであり，支援の手は届きにくい。

　一方，児童虐待防止法の対象は子どもであり，現在通告される心理的虐待の半数近くが，DV目撃ケースである。しかし，児童相談所はDVへの直接的介入はできないことが多い。したがって，配偶者暴力相談支援センターや婦人相談所などDV被害支援施設と，児童相談所などの虐待防止施設との連携・協力は欠くことのできないものであるのだが，双方の施設の多忙と監督官庁の異なる施設であることなどにより，連携協力は大きな課題となっている。

4-2　DVの理解

DVとは

　DVの根元には，**支配とコントロール**という関係性がある。暴力の本質は，相手を自分の考えに従わせようとする支配と言える。自分の思いどおりになるように，相手を殴る・蹴るといった行動をとることもあるし，脅したり，人格を傷つけたりすることによって，相手の基本的な権利（安心感，自尊心，自己決定，信頼感にもとづく人間関係の体験など）を脅かす。

　また，暴力は，怒りや衝動性の問題ではなく，選択される行為である。具体的には，思いがけない事態に陥ったとき，人は，いくつかの行為の可能性を考え，その中から，状況に適切であろうという行為を選択する。DV加害者は，暴力という手段を選択していると言える。加害者は，相手に落ち度があったからと自己の暴力行為を正当化する。しかし，相手がどうであろうと，暴力という行為を選択したことの責任は加害者にある。

DVによってパートナーの受ける被害

　①身体的な影響：打撲や骨折など見えやすい外傷だけでなく，DVへの恐怖や不安といったストレス状況下で，疲れやすさや，免疫力の低下などにより疾病にかかりやすくなるなど見えにくい身体的な影響も見られる。

　②PTSD：外傷的な経験をした後に出現する症状であり，「再体験（フラッシュバック）」「回避と麻痺」「覚醒亢進」など，長期にわたって苦しむ症状である。

③うつ状態：無気力状態に陥り，そうした自分を責めて苦しむ。

④解離：DV の苦しさから逃れるために，DV の際の感覚やその記憶を切り離して自分を守っている。

⑤自己評価の低下：暴言や暴力によって虐げられた結果，自分に自信を失う。

⑥判断力・決断力の弱化：加害者に否定されバカにされ続けた結果，判断する力を奪われている。

⑦社会的孤立：加害者の支配の一つに，社会関係を切ることがある。そのため，被害者は孤立を深め，ときには他者への不信感につながることもある。

DV 環境に育つ子どもの被害

DV 環境で育つ子どもたちは，その環境で自分を守るために形成してきた行動の特徴を持つことが多い。そうした適応行動は，外の社会，たとえば保育所や学校などで問題行動ととらえられることがあり，叱られたり，いじめられたり，からかわれたり，認められなかったりしてそこでも傷つくことも多い。社会から二次的被害を受けているといえる。

①**行動への影響**：「暴力的・攻撃性」「落ち着きのなさ・多動」「刺激の遮断」「過覚醒」「解離」「身体化」「緘黙」「退行」「家出」「ひきこもり（抑うつ）」「不登校」等の行動がみられる。

②**感情への影響**：「自責感をもつ」「罪悪感をもつ」「不安が強い」「無力感をもつ」「感情の抑制が強い」「感情鈍麻」「感情のコントロールができない」「緊張が高い」「孤立感が強い」「怒りをもっている」「自尊心が低い」等の感情体験がみられる。

③**価値観への影響**：「暴力の正当化」「母親が駄目だから暴力をうける（自業自得）」「男性は女性より優れている」「愛情があるから支配する（お前のために）」「強い者は弱いものを支配していい」等の価値観を学んでいる。

④**認知的側面への影響**：学習の遅れが見られることがある。

⑤**身体的発達への影響**：身体的発達に遅れが見られることもある。

DV の母子関係への影響

DV は，母親・子どもそれぞれが大きな被害を受けるだけでなく，母子関係

を壊していく。加害者が母親を貶めるのを見ながら成長する子どもの中には，加害者に同一化し，母親に対する信頼や尊敬を失う者もいる。また，母親の被害としてのうつ状態で家事や育児の力が弱まり，適切な養育ができず，ネグレクト状態が起きることもある。また家事のできない母親に代わって子どもが親役割を懸命にとるといった役割逆転が見られることもある。一方，母親の中には，子どもの姿・態度に加害者を投影し，子どもへの否定的な認知が成立することもあり，母親のこのような言動に子どもが反発し，母子関係が悪化することもある。DV 被害者の支援では，母子関係への支援を視野に入れることが重要である。

4-3　DV 被害者への支援

DV 被害者支援の現状と課題

　DV 被害者の支援は，現状では，加害者から離れる方向での相談・支援が主となっている。加害者から離れることは被害母子の安全の確保という意味で重要である。しかし，離れれば問題は解決するかと言えば，けっしてそうではない。むしろ離れた後の生活上・身体上・教育上・経済上等の困難に多くの支援が必要である。また，加害者に対する方策（加害者教育プログラム等）も被害者支援の一環として重要であるが，現状では実施は少なく，大きな課題である。

支援者に求められるもの

　回復に何より大切なのは，安全で安心できる環境と人との関係である。被害にあっている女性に何か問題があるのでは，という被害女性を疑う見方に支援者が陥ってはならない。支援者は DV とは何か，どのような被害が起きているのかを正しく認識し，被害者に向き合う姿勢が必要である。また，被害の回復には長い時間が必要であることを踏まえ，被害者を支え続ける姿勢が重要である。

4-4　面会交流について

　離婚が成立した家族であっても，子どもにとっては父親であり，母親である

ことに変わりはない。したがって，別に住む親子がときには面会し，交流することは基本的には間違っていない。民法第766条の改正（2012年4月1日施行）によって，面会交流は「子どもの権利」と明記された。ここで注意しなくてはならないのは，あくまでも子どもの権利であり，子どもの福祉に役立つものとして運用されるべき改正である点である。この改正を契機に，家庭裁判所などで離婚後の面会交流を促す方向性が強くなっている。しかし，DV を理由の一つとする離婚に関しては，面会交流の実施については考慮すべき点が多い。「子どもの利益を最も優先する」という条文の趣旨から，子どもの意思は第一に考えられなくてはならない。子どもからの面会拒否を「母親が言わせている」との加害者からの主張もよく聞かれる。面会交流は，親の権利ではなく，子どもの権利である。DV 環境において子どもたちが経験してきたことを理解し，面会交流が子どもの成長に役立つものかの判断を心理職としてしっかりしていく必要がある。

❖考えてみよう
・虐待相談が，なぜ通常の相談より難しくなるのか，そのメカニズムについて考えてみよう。（宮井）
・面接をしていた子どもが重篤な虐待被害を訴えた後，「このことは誰にも言わないで」と付け加えた。あなたはどうすべきだろうか。（貞木）
・虐待防止にはどういう取り組みが必要なのかを考えてみよう。（高下）
・パートナーからの支配（暴力や暴言）を受け続けることで，どのような影響が被害者や同居する子どもたちに現れるか，考えてみよう。（春原）

もっと深く，広く学びたい人への文献紹介
川畑 隆（編）（2015）．子ども・家族支援に役立つアセスメントの技とコツ　明石書店
　　☞対人支援の根幹は，アセスメントにあると思う。ただ，アセスメントといってもたんなる見立てではなく，そこには介入も治療も含まれると考える。福祉現場でのアセスメントの参考にしてほしい。（宮井）
Miller, W. R., & Rollnick, S. (2002). *Motivational interviewing: Preparing people for change* (2nd ed.). New York: Guilford Press.

（ミラー，W.R.・ロルニック，S.　松島　義博・後藤　恵（訳）（2007）．動機
づけ面接法——基礎・実践編——　星和書店）
　　☞虐待や非行ケースの多くは相談ニーズが乏しく，相談機関につながりにく
　　い。こういったケースにどうかかわるのか，一つのヒントがここにある。
　　（貞木）
ギルモア，M.　村上　春樹（訳）（1996）．心臓を貫かれて　上・下　文春文庫
　　虐待が及ぼす影響について，当事者，家族によって迫真的に描かれたノンフ
　　ィクション。（高下）
春原　由紀（2011）．子ども虐待としてのDV——母親と子どもへの心理臨床的援
　　助のために——　星和書店
　　☞DVのある家庭で起きている暴力と支配の関係性をとらえ，母親と子ど
　　もの被る被害について理解し，母親と子ども，そして母子関係への心理的
　　な支援の実際について述べられている。（春原）

引用・参考文献
1節
小林　美智子（1994）．児童虐待とその対応について　大阪母子保健研究会（編）
　　報告集 part4　子どもなんて大きらい——被虐待児への援助——（pp.49-
　　82）　せせらぎ出版
厚生労働省（2018）．児童相談所運営指針
津崎　哲郎（2001）．児童虐待への介入と援助　岡田　隆介（編）　児童虐待と児童
　　相談所（pp.15-17）　金剛出版
2節
Hansen, K. & Kahn, T. (2012). *Footprints: Steps to a healthy life* (2nd ed.). Safer
　　Society Foundation.
　　（ハンセン，K., & カーン，T.　本多　隆司・伊庭　知恵（監訳）（2015）．性問
　　題行動のある知的障害者のための16ステップ——「フットプリント」心理教
　　育ワークブック——（第2版）　明石書店）
Kahn, T. J. (2001). *Pathways: A guided workbook for youth beginning treatment*
　　(3rd ed.). Safer Society Foundation.
　　（カーン，T. J.　藤岡　淳子（監訳）（2009）．性問題行動・性犯罪の治療教育
　　2　回復への道のり——パスウェイズ——性問題行動のある思春期少年少女
　　のために　誠信書房）
Kahn, T. J. (2007). *Roadmaps to recovery: A guided workbook for children in
　　treatment* (2nd ed.). Safer Society Foundation.
　　（カーン，T. J.　藤岡　淳子（監訳）（2009）．性問題行動・性犯罪の治療教育
　　3　回復への道のり——ロードマップ——性問題行動のある児童および性問

　　　題行動のある知的障害をもつ少年少女のために　誠信書房）

厚生労働省（2010）．平成21年度 福祉行政報告例

厚生労働省（2017）．平成28年度 福祉行政報告例

3節

高下 洋之（2017）．養育者への虐待再発防止支援——児童相談所と民間の協働
　　　—— 子どもの虐待と予防とケアのすべて，追補28号，61-77.

4節

バンクロフト，L.・シルバーマン，J.G.（2004）．幾島 幸子（訳）DV にさらさ
　　　れる子どもたち——加害者としての親が家族機能に及ぼす影響—— 金剛出
　　　版

ハーマン，J.L.　中井 久夫（訳）（1999）．心的外傷と回復　美鈴書房

戒能 民江（編著）（2006）．DV 防止とこれからの被害当事者支援　ミネルヴァ
　　　書房

NPO 法人 RRP 研究会（2014）．改訂版コンカレントプログラムマニュアル——
　　　DV 被害にあった母親と子どもたちの同時並行心理教育プログラム——
　　　NPO 法人 RRP 研究会

ペンス，E.・ペイマー，M.　波田 あい子（監訳）（2004）．暴力男性の教育プロ
　　　グラム——ドゥルース・モデル—— 誠信書房

信田 さよ子（2002）．DV と虐待——「家族の暴力」に援助者ができること——
　　　医学書院

春原 由紀（編著）（2011）．子ども虐待としての DV ——母親と子どもへの心理
　　　臨床的援助のために—— 星和書店

第4章 子どもの入所施設における支援と課題
——傷ついた子どもとその家族に寄り添う

樋口純一郎・樋口亜瑞佐

　本章は，四つの節で構成している。1節に，子どもの入所施設にはどういった種類があるのか，子どもの入所施設の各概要，それらで働く心理職の資格要件と業務内容等をまとめている。2節は，子どもの入所施設の中でもっとも数の多い児童養護施設の心理業務について，3節では，最も心理職の配置数の多い児童心理治療施設の心理業務について，それぞれ紹介している。4節は，その他，心理職が配置されている施設（乳児院，母子生活支援施設，児童自立支援施設等）の心理業務を説明する。心理職として，子どもの入所施設について最低限知っておきたい知識や概念，関連法規もまとめている。

1　社会的養護の心理職

樋口純一郎

1-1　社会的養護とは

　社会的養護という言葉を聞いたことがあるだろうか。ひょっとすれば，この専門領域にたずさわる者にしか，聞き馴染みのない言葉かもしれない。しかし，大変重要な概念であるので，心理職としては覚えておいてほしい。厚生労働省（2019a）によれば，社会的養護とは「保護者のない児童や，保護者に監護させることが適当でない児童を，公的責任で社会的に養育し，保護するとともに，養育に大きな困難を抱える家庭への支援を行うこと」とある。つまり，親（保護者）の死亡，病気，失踪，服役，または，貧困や虐待等の理由で，親に代わって社会が子どもを育てることである。

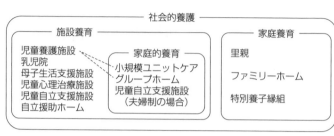

図 4-1-1　社会的養護の概念図

　日本では，古くは奈良時代から，身寄りのない子どもを寺社などで引き取ることがあった。19世紀後半にはいくつかの孤児院がつくられ，1947年に制定された**児童福祉法**で養護施設や乳児院等が規定された。当時は戦災孤児や浮浪児を引き受けることが社会的使命であったが，時代によってニーズは変化し，現在は被虐待や発達障害等の心理的課題を抱えた子どもたちが増えている。

　社会的養護は，施設養育と家庭（的）養育に分類される（図 4-1-1）。**施設養育**とは，読んで字のごとく，児童養護施設や乳児院等のように，数十人の子ども集団を施設で育てることである。一方，**家庭養育**とは，里親やファミリーホーム等のように，実際の家庭が子どもを受け入れ，育てることを指す。少し紛らわしいが，**家庭的養育**という言い方もあり，これは，児童養護施設の中に小規模ユニットを設けたり，地域分園型の小規模児童養護施設（グループホーム）を構えたりして，少人数（おおむね 6 名程度）の子どもを家族のような形態で養育することをいう。

　ここまでですでにいくつかの施設や里親の名称をあげたが，表 4-1-1 にそれらの概要をまとめておく。

1-2　新しい社会的養育ビジョン

　国によって事情や制度は異なるため，単純な比較はできないが，2010年ごろの統計では，欧米の福祉先進国における社会的養護の半数以上が里親であるのに対し，日本では里親：施設の比率が 1：9 となっている（開原, 2011）。1950年代にボウルビィ（Bowlby, J.）は**ホスピタリズム**（施設病）の概念を提唱し，母性

表4-1-1　社会的養護の種類・概要

種類	対象	主な入所理由	平均入所数	主な設置主体	設置数
里親 （養育，親族，専門，養子縁組）	18歳未満	保護者の死亡，病気，失踪，服役，または，貧困，虐待等	1.3人	個人	4,038世帯 （登録11,405世帯）
ファミリーホーム （小規模住居型児童養育事業）	18歳未満	〃	4.3人	個人，NPO法人	313か所
児童養護施設	おおむね2歳以上18歳未満	〃	43.0人	社会福祉法人	615か所
乳児院	1歳未満（おおむね6歳まで入所できる）	〃	20.3人	社会福祉法人	138か所
母子生活支援施設	18歳未満の子どもをもつ単身母親とその子ども	母親の離婚やDV被害等による生活困難	14.4世帯	社会福祉法人	232か所
児童心理治療施設	18歳未満 （主に小・中学生）	不登校やひきこもり等，子どもの心理的課題	30.4人	社会福祉法人，都道府県	46か所
児童自立支援施設	18歳未満 （主に中学生）	子どもの非行や問題行動等	24.1人	国都道府県	58か所
自立援助ホーム （児童自立生活援助事業）	15歳以上20歳未満	社会的養護が必要で，生活の自立や就労支援を要する	3.6人	社会福祉法人，NPO法人	143か所

（注）いずれも児童相談所の措置による（母子生活支援施設のみ，福祉事務所の措置）。
　　　乳児院を除き，20歳まで措置延長が可能（大学就学中等の場合，22歳の年度末まで，ひきつづき支援を受けることができる）。
　　　平均入所数は，厚生労働省（2017）にもとづき，現員÷施設数の小数点第2位を四捨五入している。

的養育の欠如した乳幼児が長期間にわたって施設で養育されることで，心身の発育上の異常が生じることを指摘した。欧米の福祉先進国が，里親を中心とした家庭養育を推し進めているのに対し，日本の社会的養護は，子どものアタッチメント形成や権利擁護という観点から遅れていると国際的に批判されている。

　2016年の改正児童福祉法で，第1条の冒頭に「すべて児童は，適切に養育され，生活を保障され，愛され，保護され，すこやかな成長・発達・自立が図ら

れる権利を有する」という法の精神が明文化された。子どもは福祉を施される"対象"から，権利を受ける"主体"となったと言える。翌2017年，厚生労働省は「新しい社会的養育ビジョン」を打ち出し，就学前の子どもは原則施設新規入所を停止，里親委託率（当時17.5％）を，幼児は5〜7年以内に75％以上，学童期以降の子どもも10年以内に50％以上に，施設滞在期間も乳幼児は数か月以内，学童期以降は原則1年以内に，施設は10年以内に小規模化・地域分散化・多機能化などという方針が示された。

　公認心理師誕生と時を同じくして，日本における社会的養護も大きなターニングポイントを迎えており，本章のデータは10年後にはもはや時代遅れになっているかもしれない。

1-3　社会的養護の心理業務

　子どもの入所施設にはじめて心理職が明確に設置されたのは，1962年の情緒障害児短期治療施設（現在の児童心理治療施設）が開設されたときである。その後，児童虐待が社会問題となり，1999年には児童養護施設に，2001年には乳児院・母子生活支援施設に，2006年には児童自立支援施設に，それぞれ**心理療法担当職員**の配置が開始された。2011年，心理療法を必要とする児童もしくは保護者が10人以上いる場合，児童養護施設・乳児院・母子生活支援施設・児童自立支援施設への配置が義務化された（「児童福祉施設の設備及び運営に関する基準」）。

　心理療法担当職員の職務は「虐待等による心的外傷等のため心理療法を必要とする児童等及び夫等からの暴力等による心的外傷等のため心理療法を必要とする母子に，遊戯療法，カウンセリング等の心理療法を実施し，心理的な困難を改善し，安心感・安全感の再形成及び人間関係の修正等を図ることにより，対象児童等の自立を支援」し，「①対象児童等に対する心理療法，②対象児童等に対する生活場面面接，③施設職員への助言及び指導，④ケース会議への出席，⑤その他」と規定されている（厚生労働省，2012）。資格要件は「大学（短期大学を除く。）において，心理学を専修する学科若しくはこれに相当する課程を修めて卒業した者であって，個人及び集団心理療法の技術を有するもの又は

これと同等以上の能力を有すると認められる者」となっており，児童心理治療施設と児童自立支援施設は，上の要件に加えて「又は…（中略）…大学において，心理学に関する科目の単位を優秀な成績で修得したことにより，…（中略）…大学院への入学を認められた者であって」「かつ，心理療法に関する1年以上の経験を有する者」とある。現状では公認心理師資格が必須条件ではないが，**多職種連携**や**アウトリーチ**など，公認心理師の専門性がおおいに発揮できる職域と言える。

2　児童養護施設の心理職

樋口亜瑞佐

2-1　児童養護施設とは

　児童養護施設の対象と目的は「保護者のない児童（乳児を除く。ただし，安定した生活環境の確保その他の理由により特に必要のある場合には，乳児を含む。），虐待されている児童その他環境上養護を要する児童を入所させて，これを養護し，あわせて退所した者に対する相談その他の自立のための援助を行うこと」である（児童福祉法第41条）。2019年現在で全国に605か所設置されており，約25,000人の子どもたちがそこで生活を営んでいる（厚生労働省，2019b）。対象となる児童の年齢はおおむね2歳から18歳であるが，その事情を考慮したうえで2歳に満たない乳幼児の入所や，自立に困難を要する場合は22歳までの措置延長が認められている。スタッフに，児童指導員や保育士，家庭支援専門相談員などがいる。厚生労働省ホームページの「社会的養護の施設等について」では，入所児童のうち，**虐待を受けた子ども**の割合は全体の59.5％，なんらかの障害をもった子どもの割合が28.5％と増加傾向にあり，専門的なケアを必要とすると示されている。平均在籍期間は4.9年で，10年以上在籍するケースは全体の13.8％にのぼる。

　これからの児童養護施設は，「新しい社会的養育ビジョン」の指針が示すように，「当たり前の生活」を保障していくことが重要だという考えのもと，施設の小規模化やグループホーム化が推し進められていく。里親委託をより進展

させていくことも国の指針として打ち出されており，これまでの社会的養護≒施設（集団）養育ではなく，家庭的養育へとケアの形は移り変わっていくだろう。

2-2　児童養護施設の心理業務

　子どもの虹情報研修センターによる児童福祉施設心理担当職員合同研修アンケート結果（2017年）によれば，児童養護施設では参加者全体のおよそ9割が常勤職であり，心理職のポジションが上がったとともに，その専門性が期待される。

心理療法

　虐待は心身に深刻なダメージを及ぼし，その影響は様々な問題行動によって示される。家族間での暴言・暴力が日常的な家庭に育った子どもの多くは，その不適切な環境の方に親和性を覚えてしまい，保護されて施設入所したあとも，生活の中で過去の**虐待体験の再現・再演**が起こりがちである。そのため，周囲の子どもに対してすぐに暴言を吐いたり，かかわる施設職員に対して暴力をふるおうとしたり，本来あるべき適切なコミュニケーションを身につける機会そのものを奪われてしまったがゆえの問題行動が頻繁に見られる。心理的な支援が必要であることは見立てられるが，まずは安全・安心な生活基盤を提供し，そうした下支えがあるという信頼感を子ども本人がしっかり感じられるようになってから，**心理療法**を実施することが望ましい。言い換えれば，生活基盤に安全・安心を感じられていない状態のケースに，心理療法を先行させることは，情緒的な混乱を招く危険性がある。

　そこで重要なのが，心理職によるアセスメントである。行動観察のほか，個別の面接を行うなどケースに応じて方法にバリエーションをもたせながら，施設に入所するに至った経緯の理解が適切であるかも含めた心身状態の把握が必要になる。

　心理療法の実施に際して，入所する子どもたちの年齢幅があることからも，用いられる心理療法の形態は**遊戯療法**や言語面接のほか，描画や箱庭等を使用する**表現療法**と多岐にわたる。子どもの受けた心身のダメージの質や，子ども本人のパーソナリティはもちろん，発達段階に見合った技法が適用されること

が望ましい。また，**トラウマ・インフォームド・ケア**として TF-CBT や EMDR といった治療技法も，トラウマ反応が常態化しないためにも慎重に検討したうえで用いられることもある。

生活場面面接

生活場面面接は具体的にその内容が定められているわけではないため，施設それぞれの心理職に対するニーズと，心理職自身のフットワークや，施設の養育方針との摺り合わせによるところが大きい。心理職自身のフットワークの範囲は様々で，いわゆる面接室に限定した動きを取るパターンのほか，面接室と職員が詰める事務室までの行き来や，入所児童らの居室など生活空間へフレキシブルに働きかけるパターンのほか，職員らのローテーションに完全に入り込み，宿直も行うという動きを取る場合もある。面接室に入れない（あるいは，入りにくい）ケースや，生活場面の方が気持ちを言語化しやすいケースなどに有用である一方で，つねに周囲に他児がいることを意識せざるを得ないといったデメリットはある。

コンサルテーション，その他

他職種に**コンサルテーション**する際は，心理学的なアセスメント（見立て）を施設職員全体がイメージしやすく，なおかつ，生活支援において具体的なやり方を実践しやすい表現が望まれる。

その他，注目されるアプローチとして，**ライフストーリーワーク**の実践報告が増えてきている（第3章3節も参照）。才村（2016）は「児童虐待を受けた子どもたちが，自分が悪い子だったから施設（里親宅）に来たと思い込んでいるのをライフストーリーワークの実践により，その認知を修正し，生を肯定できる人生史を持てることが望まれる」と指摘する。また，里親委託の推進に伴い，里親支援専門相談員と心理職が連携し，里親と里子を対象とした心理支援も，今後期待される。

2-3　児童養護施設における心理業務の課題

被虐待児の増加に伴い，児童養護施設に入所するケースにも治療的配慮が必

要な子どもが増えてきている。しかし，次節で述べる児童心理治療施設のように治療を前提としているわけではなく，児童養護施設はあくまで養育をベースとしている。養育を担当する生活担当職員と連携しながら，心理職は治療的アプローチのあり方や介入のタイミングを図る必要がある。

3　児童心理治療施設の心理職

樋口亜瑞佐

3-1　児童心理治療施設とは

児童心理治療施設は，前身となる情緒障害児短期治療施設として，1962年に開設された。当時，社会的問題となった学校恐怖症（のちに登校拒否，現在は**不登校**）が大きく影響しており，1970年代以降も不登校は年々増え続ける一方で，1980年代より**児童虐待**が，1990年代からは**発達障害**が社会的に注目を集めるようになった。これらの課題を抱える子どもたちに対し，専門的な知識や治療技術をもつ職員によって環境面からのケアを行う児童福祉施設として，児童心理治療施設は期待される。現在，虐待を受けた子どもの割合は，全体の70％以上である。発達障害の診断を受けたケースの入所も多く，通所ケースも含め，児童心理治療施設では被虐待や発達障害を背景とする不適応症状にフォーカスした二次障害の治療が主な役割となっている。

2016年の改正児童福祉法で現在の名称に変更し，その対象と目的は「家庭環境，学校における交友関係その他の環境上の理由により社会生活への適応が困難となった児童を，短期間，入所させ，又は保護者の下から通わせて，社会生活に適応するために必要な心理に関する治療及び生活指導を主として行い，あわせて退所した者について相談その他の援助を行うこと」（児童福祉法第43条の2）となった。2019年時点で，全国に46か所設置されており，約1,300人の子どもたちがそこで生活をしている（厚生労働省，2019b）。主に小・中学生が入所しており，一部，幼児や高校年代を受け入れている施設もある。スタッフに，心理療法担当職員，児童指導員，保育士，医師（精神科または小児科），看護師，家庭支援専門相談員等がいる。平均入所期間は2年ほどである。

　児童心理治療施設は，**総合環境療法**がベースとなっている。総合環境療法を提唱した杉山（1990）は「施設治療は，治療と教育と生活の3部の努力が一体となって成立している。個人心理治療・集団心理治療・家族治療・環境調整・薬理補助・教科指導・学校生活・進路指導・活動療法（グループワークとか作業療法など）・生活場面面接・生活指導・看護やケア・学習指導・スポーツや健康や安全プログラム・行事・児童会・保護者会・親子プログラムといった多彩なメニューがある」と説明している。総合環境療法の大きな特長として，心理職が生活支援に直接関与する中で治療的視点はつねに意識されるということがある。

3-2　児童心理治療施設の心理業務

　児童心理治療施設は児童養護施設等とは異なり，治療を前提とした施設であるため，心理療法に関する知識や実践力が一定以上望まれる。また，家族の関係調整に関する問題も含め，心理職はケース全体を管理しながらコンサルテーションやスーパーヴィジョンといった役割を取る位置づけであるため，家族療法はもちろん，集団全体の力動を把握し，客観的にアセスメントするスキルが求められる。「情緒障害児短期治療施設（児童心理治療施設）運営ハンドブック」（厚生労働省，2014a）によれば，具体的な業務は以下のようになっている。

　①入所・通所治療……個別・集団治療，家族治療，親子併行面接，親個別面接，家族合同・同席面接，家庭訪問，家庭環境調整，臨床心理アセスメント（心理検査を含む），関係機関との調整，措置開始および措置解除における児童相談所や家族および学校との連絡調整等，医療機関・福祉事務所等との連絡並びに連携，生活・グループ体験活動，生活場面における危機介入，生活場面面接等。

　②外来相談治療……インテーク面接，個別心理治療，家族治療（親面接と家族療法），臨床心理アセスメント（心理検査を含む），外来グループ面接，親の会，電話相談等。

　③家族療法……親子宿泊や親子プログラム等。

　このように，業務内容は多岐にわたっている。そして，治療方針の策定（ケ

ース・フォーミュレーション），関係者へ治療方針を伝え協働していくための調整（ケース・コーディネート），総合的な環境治療・支援の管理（ケース・マネジメント），関係者らと専門性を理解しながらの相互援助（ケース・コンサルテーション）を行うことが心理職には求められる。大切なのは，治療的視点を考えるにあたって子どものネガティヴな行動の方に意識が奪われがちになるところを，子どものもつストレングス（強み）にも注目していくことである。

3-3 児童心理治療施設における心理業務の課題

　性的虐待や性被害を受けた子どものケアが，児童心理治療施設の大きな使命となってきている。性被害を受けた子どもの場合，些細な刺激（たとえば，同性の子どもの衣服の着脱を見るなど）にも性的に興奮しすぎたり，自ら性的逸脱行為を起こしてしまったり（**性化行動**）することがあるため，安全上の配慮や環境設定はもちろん，バウンダリー感覚の醸成などの心理教育も必要になる。性被害を受けた子どもの特徴として，恥辱感や自責感，罪悪感を慢性的に抱えていたり，感覚鈍麻させていたりする場合が多く，慎重な配慮が要される。

4　乳児院，母子生活支援施設，児童自立支援施設等の心理職

樋口純一郎

4-1　乳児院とは

　古くは孤児院の機能を引き継ぐ形で，1947年に制定された児童福祉法で**乳児院**が設置された。乳児院の対象や目的は「乳児（保健上，安定した生活環境の確保その他の理由により特に必要のある場合には，幼児を含む。）を入院させて，これを養育し，あわせて退院した者について相談その他の援助を行うこと」とある（児童福祉法第37条）。当時は戦災孤児や人身売買からの保護，もしくは，子どもを専門とした病院も少なく，結核や肺炎などの感染症に罹患した乳幼児を受け入れることが中心だった。時代とともにニーズは変わり，2016年度の統計では，保護者からの虐待（38.7％），保護者の精神疾患（22.1％），保護者の経済的困難（9.0％）が入所理由の上位となっている（全国乳児福祉協議会，2017）。

　乳児院は，全国138か所（厚生労働省，2017），各都道府県・政令指定都市に
１〜２か所以上が設置されているイメージだろうか。ほとんどが社会福祉法人
で，一部，公立の施設や日本赤十字社が運営している施設もある。入所は，保
護者や地域から相談を受けた児童相談所の判断で，基本的に１歳未満の乳児が
措置され，事情によって，おおむね６歳まで入所継続することができる。2016
年度の統計では，全国で2,801人の乳幼児を抱えており，全国乳児院数で割る
と，１施設あたり平均20.3人になる（厚生労働省，2017）。スタッフとして，保
育士や看護師，児童指導員等が中心となって働いている。不適切な環境にあっ
た乳幼児の衣食住を整え，専門的な設備とかかわりで，子どもたちの健全な発
達を促している。徐々に配置基準が改善されて，現在はマンツーマンに近いケ
アを目標としている。

　入所した乳幼児は，2016年度の統計では，家庭環境や子どもの状況が改善し
て無事家庭引き取りとなるケースも半数近くあるものの（44.9％），里親委託
（19.3％）につながるケースは少なく，児童養護施設等への措置変更（34.3％）
の方が多い（全国乳児福祉協議会，2017）。乳児院から児童養護施設へ移るのは，
その子どもやケースの状況によるが，２〜３歳になるころが多い。

　児童相談所では乳児の受け入れが困難なため，委託一時保護の機能も備えて
いる。乳幼児の養育のみならず，保護者支援，里親とのマッチング，退所後・
施設変更後のアフターケア，地域の子育て相談やショートステイなども実施し
ている。2017年の「新しい社会的養育ビジョン」を受けて，乳児院は変化の矢
面に立たされており，地域の子育て支援機能や里親支援機関としての多機能化
を求められている。

4-2　乳児院の心理業務

　施設によってばらつきはあろうが，保護者との面接，入所する乳幼児の発達
アセスメント，職員へのコンサルテーションが中心的な仕事であることが多い。
　先述したとおり，入所する子どもの半数近くは家庭引き取りとなるため，乳
児院にとって最大の目標は，**親子関係の修復・再構築**と言える。心理職は，親

子の面会・外出・外泊の前後に面接時間をつくり，保護者に子どもへの接し方，子育てのノウハウ，親自身の悩みや葛藤などを話し合う機会をつくっている。たとえ，虐待してしまった親であっても，その多くは子育てに悩み，わが子を愛する気持ちももっているものである。心理職は，基本的に受容・共感的にかかわり，母親自身の悩みや葛藤に耳を傾け，まずは信頼関係をつくることが大切である。心理療法の技法習得や知識も大事だが，ミルクのつくり方や授乳法，離乳食や食事，オムツ交換やトイレット・トレーニング，寝かしつけ等，乳幼児に関する子育ての知識を知っておくことは欠かせず，子どもの効果的な褒め方や適切な叱り方など，**ペアレント・トレーニング**の姿勢も求められる。また，精神疾患を抱える保護者も多いので，心理専門職として，保護者の精神状態や親子関係のアセスメントをし，生活担当職員にコンサルテーションや方針に対して意見することも重要である。もちろん，希望や必要があれば，保護者の一部には定期的・継続的な心理療法を実施する。

　子どものアセスメントについてだが，児童相談所とよく連携して，乳幼児の年齢に応じて，節目ごとに**発達検査**をすることもある。直接実施なら，新版K式発達検査2001や遠城寺式乳幼児分析的発達診断検査，質問紙なら，KIDS乳幼児発達スケールや津守・稲毛式乳幼児精神発達診断などを使用する。生活場面に入って**参与観察**することも多く，生活担当職員へのフィードバックや生活の中で工夫できる具体的かかわりや環境設定など，コンサルテーションが重要となる。もし，知的な遅れや発達障害の疑いが認められるときは，然るべき専門機関につなげる必要があり，児童相談所や療育機関等の社会資源の知識ももっておいた方がよいだろう。

　現在，日本の社会的養護は施設養育から家庭養育への変換期にある。里親支援により力を入れるため，里親の養成・研修（フォスタリングチェンジ・プログラムなど），レスパイト（一時預かり）時のサポート，里親のカウンセリングなどの心理支援が期待される。養育者（保護者や里親，担当職員）との**アタッチメント形成**を強めるための技法やプログラム（親子合同相互交流療法（PCIT）や社会福祉法人子どもの虐待防止センターによるアタッチメント・プログラム等）を

開発・実践している先進的な施設もある。また，地域の中核的な子育て支援機関としての機能が期待されており，地域に開かれた通所型の心理相談も，今後業務として広がっていくだろう。

4-3　母子生活支援施設とは

　古くは大正時代にその萌芽が見られ，1932年施行の救護法により，法律上に母子寮が位置づけられた。1938年に母子保護法へ移行し，戦後には夫や家を失った母子の保護が中心的となって，施設数は爆発的に増加した。1997年の改正児童福祉法で**母子生活支援施設**に名称変更する。対象や目的は「配偶者のない女子又はこれに準ずる事情にある女子及びその者の監護すべき児童を入所させて，これらの者を保護するとともに，これらの者の自立の促進のためにその生活を支援し，あわせて退所した者について相談その他の援助を行うこと」（児童福祉法第38条）であり，母子の単位で受け入れることのできる，唯一の児童福祉施設である。時代のニーズとともに入所理由も変容し，2015年度の統計では，夫等の暴力（56.6％），住宅事情（17.2％），経済的理由（11.3％）が上位となっている（社会福祉法人全国社会福祉協議会・全国母子生活支援施設協議会，2016）。

　全国に232か所あり，主に社会福祉法人が設置している。福祉事務所の判断で，母子が入所措置となる。2016年度の統計で，全国で3,330人の母子世帯を受け入れているので，全国施設数で割ると，1施設あたり平均14.4世帯になる（厚生労働省，2017）。母子指導員や少年指導員等が配置され，母親の生活や就労等を支援し，その子どもたちをケアしている。子どもだけの施設と違って，その母親である大人も入居するため，マンションやシェアハウスのように，1室ずつにキッチンや浴室が付いており，プライバシーが確保されている。共用のフリールームや子どもたちの学習室等があり，すぐに専門スタッフに相談できる。

　入所期間はケースによって大きなばらつきがあるが，数か月から2年くらいであることが多い。母親の経済的・精神的自立を支援し，多くのケースを自立へつなげている。

4-4　母子生活支援施設の心理業務

　母子生活支援施設に心理職が配置されたのは，2001年施行の「配偶者からの暴力の防止及び被害者の保護に関する法律」（**DV防止法**）からである。2011年に，心理療法の必要な母もしくは子どもが10人以上いる場合，心理療法担当職員の配置が義務づけられたが，まだ心理職を導入していない施設や非常勤心理職のみの配置である場合も少なくなく，今後ますます心理職の活躍が望まれる施設である。

　入所理由の過半数が夫等からのDVであり，傷ついた母親，もしくは，いわゆる"面前DV"という**心理的虐待**を受けた子どもたちのケアが，心理職には求められる。ただし，壁一枚向こうに生活が広がっている空間で，EMDRや持続エクスポージャー療法，TF-CBTなどのトラウマ・インフォームド・ケアの実施には慎重な判断を要する。まずは**トラウマの心理教育**をしっかり行い，然るべき治療機関につなげることもときに大切である。

　また，母親たちは，仕事探し，住居探し，金銭管理，子育て，将来設計など，現実的な課題に直面しているため，心理職として，それらに耳を傾け，問題を整理し，具体的な解決や行動について話し合う姿勢が大切だろう。

　母子という単位で入所できるユニークな施設という利点を活かし，母子のアタッチメント関係を強めるため，専門的な心理支援を開発・実践していくことが期待される。また，同じような境遇の母親が集まっており，息抜きや横のつながり，気持ちのわかちあい等を目的としたグループワークなどの先進的な取り組みをしている施設もある。MY TREEやトリプルP，Nobody's Perfect，CARE，コモンセンス・ペアレンティングなどの**ペアレント・トレーニング**や各種プログラムを取り入れている施設もある。

4-5　児童自立支援施設とは

　非行少年には適切な家庭環境やかかわりが欠けていることを見出した有志によって，古くは明治時代にその前身となる感化院が創設された。戦後，1947年に制定された児童福祉法で教護院が規定され，1998年の児童福祉法改正によっ

て，現在の**児童自立支援施設**へと名称変更された。対象や目的は「不良行為を
なし，又はなすおそれのある児童及び家庭環境などの理由により生活指導等を
要する児童を入所させ，又は保護者の下から通わせて，個々の児童の状況に応
じて必要な指導を行い，その自立を支援し，あわせて退所した者について相談
その他の援助を行うこと」（児童福祉法第44条）であり，2015年度の統計では，
窃盗（20.8％），性非行（16.4％），暴行（13.4％）が上位となっている（全国児
童自立支援施設協議会，2016）。

　都道府県・政令指定都市に設置義務があり，基本的に公立（国立が2か所，
昔から存続する2施設は社会福祉法人）で，全国に58か所が設置されているので，
各都道府県に1〜2か所ほどあるイメージだろうか。2016年度の統計では，全
国で1,395人の子どもたちを受け入れているので，全国施設数で割ると，1施
設あたり平均24.1人になる（厚生労働省，2017）。保護者や地域からの相談，も
しくは，警察から触法少年通告（14歳未満）を受けた児童相談所の判断による
措置か，一部，犯罪少年（14歳以上）等が家庭裁判所の審判による送致で入所
している。児童自立支援施設の多くは郊外につくられ，自然に囲まれた広大な
敷地の中で，おおむね10人ほどの子どもを，専門職員である1組の夫婦が家庭
的養育の中で受け入れている（**小舎夫婦制**）。しかし，近年は人材確保や勤務形
態の難しさから，職員交替制を敷くところの方が多くなっている。施設内に学
校教育を取り入れ（多くは分校や分教室を置き，学校教員も配置されている），規
則正しい寮生活，授業，クラブ活動，農作業，季節ごとの行事など，子どもた
ちは決められた日課の中で，職員と起居をともにしながら過ごしている。

　入所期間は，ケースや施設によってばらつきもあるが，1〜2年間ほどのこ
とが多く，家庭復帰する子どもも多いが，家庭事情によって寮制高校へ進学す
る者もいれば，児童養護施設や自立援助ホームなどの社会的養護の施設に措置
変更となるケースもある。

　なお，児童自立支援施設は，地域の相談を受け，通所機能も法的には規定さ
れているが，2016年時点の「全国児童自立支援施設運営実態調査」では，ほと
んどの施設で実施できていないのが現状である。

4-6 児童自立支援施設の心理業務

　子どもの入所施設の中では，心理療法担当職員の配置年月はいちばん浅い。しかし，児童自立支援施設のほとんどは公立のため，正規職員化しているところは，地方公務員の心理判定員（国立は，国家公務員の専門官）が配置されるため，今後専門性が高まっていく領域と言えるだろう。

　児童自立支援施設は，非行やなにかしらの問題行動を抱えて入所している，思春期の小・中学生がほとんどであり，入所期間も限られていることもあって，**認知行動療法や解決志向アプローチ，ナラティヴ・セラピー**などの知識や技術は押さえておきたい。また，性非行を主訴とする入所が急増しており，**性暴力治療教育プログラム**のニーズが高まっている。性問題行動は，日常では話題にしにくいことであり，性問題を抱えている子どもは案外施設生活の中では目立たず，大きな問題を起こすこともない。しかし，施設退所後に問題再発してしまうケースが経験的には少なくない。

　非行少年に有効なのは，当事者の働きかけや自助的な治療作用と言われる。児童自立支援施設の集団生活は，まさにその作用も取り入れているわけだが，心理的アプローチとして，退所生を交えた当事者参画や入所生同士のグループワークなどの取り組みも報告されている。

　課題として，法改正で通所機能が加わったが，現実には地域相談まで手が回っていない。まずは退所した子どものアフターフォローや保護者支援としての通所機能を充実していきたいが，心理職が力を発揮できるポイントと言えよう。また，伝統的な家庭的養育，とくに夫婦制を維持している児童自立支援施設は，これから増えていく里親の研修やスーパーバイズ機能としても活用できるのではないか。

4-7　その他

　自立援助ホームに心理職を置いている施設もある。

　社会的養護は，今後ますます心理職の活躍が期待され，公認心理師に求めら

れる多職種連携やエビデンス・ベイストの心理支援がとても有効にはたらく領域と言える。また，**当事者参加**の視点は，社会的養護の子どもたちの**権利擁護**や**アドボカシー**としても，大変重要な視点であり，心理職として人権感覚や当事者中心の意識を施設に啓蒙することも大切となる。

❖考えてみよう

・「社会的養護」と一口に言っても，様々な施設や法規が関係している。その中で生きる子どもたちにかかわるとき，たとえ心理療法のスペシャリストであっても，それらに無知であっていいだろうか。（樋口純一郎）

・必ずしも自分で望んだわけではなくてもそこで生活せざるを得ない児童養護施設の子どもたち。その生活の場にある"心理療法"に，どんな配慮が必要か。（樋口亜瑞佐）

・虐待を受けた子どもたちへの本当の意味での心理支援は，症状消失や問題行動の改善だろうか。（樋口亜瑞佐）

・医療機関でもない。学校でもない。社会的養護で働く心理職の専門性や心理療法の目指すところとは，何だろうか。（樋口純一郎）

もっと深く，広く学びたい人への文献紹介

増沢　高・青木　紀久代（2012）．社会的養護における生活臨床と心理臨床　福村出版

　　☞社会的養護の心理臨床にたずさわるなら必読の書。各施設の心理業務を網羅しており，施設心理職に共通する姿勢や知識を学ぶことができる。（樋口純一郎）

内海　新祐（2013）．児童養護施設の心理臨床　日本評論社

　　☞児童養護施設の心理職による，長年の実践をとおして書かれた生の声。ぶつかる壁や疑問など，先達から学ぶものは大きい。（樋口亜瑞佐）

八木　修二・岡本　正子（2017）．性的虐待を受けた子どもの施設ケア　明石書店

　　☞主に児童心理治療施設における実践の蓄積から，性被害や性化行動の予防のため，ハード／ソフト面からの具体的な取り組みを紹介している。（樋口亜瑞佐）

杉山　登志郎（2013）．子ども虐待への新たなケア　学研

　　☞発達性トラウマの概念を知り，トラウマやアタッチメントに焦点を当てた治療技法を学ぶことができる，スキルアップのための書。（樋口純一郎）

引用・参考文献

開原 久代（2011）．家庭外ケア児童数及び里親委託率の国際比較研究 厚生労働省科学研究

厚生労働省 社会的養護の施設等について https://www.mhlw.go.jp/stf/seisakunitsuite/bunya/kodomo/kodomo_kosodate/syakaiteki_yougo/01.html（2020年3月17日閲覧）

厚生労働省（2012）．家庭支援専門相談員，里親支援専門相談員，心理療法担当職員，個別対応職員，職業指導員及び医療的ケアを担当する職員の配置について https://www.mhlw.go.jp/bunya/kodomo/pdf/tuuchi-70.pdf（2019年12月22日閲覧）

厚生労働省（2014a）．情緒障害児短期治療施設（児童心理治療施設）運営ハンドブック https://www.mhlw.go.jp/seisakunitsuite/bunya/kodomo/kodomo_kosodate/syakaiteki_yougo/dl/yougo_book_4.pdf（2019年12月23日閲覧）

厚生労働省（2014b）．子育て支援員（仮称）研修制度に関する検討会 第1回専門研修 WT（社会的養護）資料4-2 https://www.mhlw.go.jp/file/05-Shingikai-11901000-Koyoukintoujidoukateikyoku-Soumuka/0000057362.pdf（2020年3月17日閲覧）

厚生労働省（2017）．社会的養護の現状について（平成29年12月） https://www.mhlw.go.jp/file/06-Seisakujouhou-11900000-Koyoukintoujidoukateikyoku/0000187952.pdf（2019年12月22日閲覧）

厚生労働省（2019a）．社会的養護 https://www.mhlw.go.jp/stf/seisakunitsuite/bunya/kodomo/kodomo_kosodate/syakaiteki_yougo/index.html（2019年12月22日閲覧）

厚生労働省（2019b）．社会的養育の推進に向けて https://www.mhlw.go.jp/content/000503210.pdf（2019年11月29日閲覧）

才村 眞理（2016）．福祉領域におけるライフストーリーワークの実践の現状 子どもの虐待とネグレクト，*18*(3)，295-300.

社会福祉法人全国社会福祉協議会・全国母子生活支援施設協議会（2016）．平成27年度全国母子生活支援施設入所状況実態調査報告書（2019年12月22日閲覧）

杉山 信作（1990）．子どもの心を育てる生活──チームワークによる治療の実際── 星和書店

全国児童自立支援施設協議会（2016）．平成27年度全国児童自立支援施設運営実態調査 http://zenjikyo.org/ ※資料は会員のみ閲覧可（2019年12月22日閲覧）

全国乳児福祉協議会（2017）．平成28年度全国乳児院入所状況実態調査 https://nyujiin.gr.jp/about（2019年12月22日閲覧）

第5章 障害児・者の福祉を見渡す
——多職種連携の一翼を担うために

笹 川 宏 樹

障害児・者の福祉に携わる心理職は、要支援の当事者が心理の問題のみを抱える「個」ではなく、社会の中で暮らす「生活者」であるという認識のもとに、心理的な援助に努めなければならない。そのためには、あらゆる生活領域の関係者と連携・協働する必要がある。障害に関する理念を他職種と共有することや、障害福祉の制度やサービスを知ることが連携の第一歩となる。本章では、心理職が、障害の有無にかかわらず互いに人格と個性を尊重し合い、理解しながらともに生きていく「共生社会」の実現に向けた援助者となるよう、障害を取り巻く状況や課題を解説する。

1 障害とは何か，障害を取り巻く課題

1-1 障害福祉における連携
援助対象を取り巻く関係性

私たちの日々の生活は，一つの側面のみでとらえることは不可能である。ある人が抱える生活の問題に対しては，多種多様な領域・分野の関係機関・者が連携して支援することが必要である。このような**ネットワーク・アプローチ**の実践には，当事者を取り巻く現状を把握しなければならない。どのような人や機関が関係しているのか，それらのつながりはどうなのかといった状況をアセスメントすることから援助が始まる。そのような関係性を把握するためには，ソーシャルワークのアセスメントで用いられている**エコマップ**が有効なツール

であり，関連領域の援助者との協働が求められる。

発達と環境の相互作用

　ブロンフェンブレンナー（Bronfenbrenner, 1979 磯貝・福富訳 1996）が提唱
した**生態学的システム理論**は関係性を重視した発達理論である。一人の子ども
を単体としてではなく，環境の中の子どもとしてとらえること，つまり発達を
人間と環境の相互作用によるものとし，図5-1-1のような複数システムの入れ
子構造と考えた。

　もっとも内側の**マイクロシステム**は，子どもの活動や対人関係などの家庭，
保育園，遊び場などである。次の**メゾシステム**は，家庭，学校，近所の遊び仲
間などの二つ以上の場面の相互関係である。三つ目の**エクソシステム**は，親の
職場や友人のネットワーク，兄姉の学級などで，子どもの発達に影響を及ぼし
たり，及ぼされるシステムである。もっとも外側の**マクロシステム**は，下位文
化や文化全体のレベルであり，下位システム（マイクロ，メゾ，エクソ）の形態
や内容の一貫性を支えている。その一貫性の背景にはイデオロギーや，宗教な
どが対応している。これらに加えて，時間軸の**クロノシステム**があり，人生の
出来事の変遷に関連する。

　日常生活に支障をきたす障害や発達に関するアセスメントでは，原因―結果

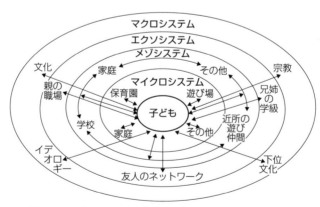

図5-1-1　ブロンフェンブレンナーの生態学的システム理論
（出所）Bronfenbrenner（1979 磯貝・福富訳 1996）より作成

という一方向の直線的な見立てでは不十分である。当事者を取り巻く環境の要素やシステム，それらの関係性にまで拡げて検討することが望まれる。

1-2　障害と国際生活機能分類（ICF）

共通言語としてのICF

　公認心理師法第42条は，保健医療，福祉，教育等との密接な連携を規定している。他領域との連携を進めるためには，対象への共通認識や枠組みが必要であり，関係者間の円滑なコミュニケーションが不可欠である。この共通認識・枠組みとして，2001 年 5 月に世界保健機関（WHO）総会において **ICF**（International Classification of Functioning Disability and Health：**国際生活機能分類**）が採択された。この ICF は，人間の生活機能と障害について「**心身機能・身体構造**」「**活動**」「**参加**」の三つの次元，および「**環境因子**」「**個人因子**」で構成されている。図 5-1-2 は，具体的な例示を含んだ ICF の各要素と，それらの相互作用等を表した概念図（厚生労働省大臣官房統計情報部編「生活機能分類の活用に向けて」）である。なお児童に関しても，「国際生活機能分類―児童版―（ICF-CY）」が2006年の WHO の会議で承認されている。

　ICF による理解を視覚障害を例として説明する。視覚障害の代表的な原因疾患に緑内障がある。この「病気（健康状態)」としての緑内障は，「心身機能・身体構造」において視力低下や失明を招き，移動が困難になるという「活動」の低下につながり，それによって買い物に行きづらくなることは社会生活への「参加」に影響する。そして，これらの生活機能の各要素は，歩道の点字ブロックやヘルパーの有無などの「環境因子」や，本人の社交性などの「個人因子」と相互に影響を及ぼし合っている。

医学モデルと社会モデルから統合モデルへ

　この ICF 以前の障害と生活機能の概念モデルは，「**医学モデル**」と「**社会モデル**」の対立の図式で考えられてきた。医学モデルは，障害を個人の問題ととらえ，病気やケガ等から直接的に生じるものであり，その対処や目標を治療や個人の適応としている。他方，社会モデルは，障害は個人に帰属するものでは

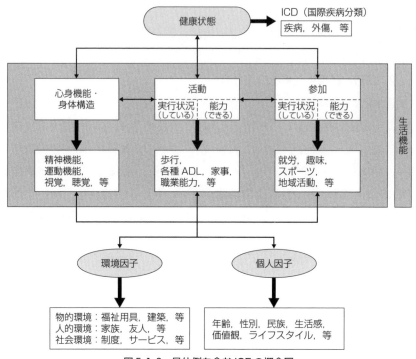

図 5-1-2　具体例を含む ICF の概念図

(注) 構成要素は次のように定義されている。

心身機能 (body function)：身体系の生理的機能 (心理的機能を含む)

身体構造 (body structures)：器官・肢体とその構成部分などの，身体解剖学的部分

活動 (activity)：課題や行為の個人による遂行

参加 (participation)：生活・人生場面への関わり

環境因子 (environmental factors)：人々が生活し，人生を送っている物的な環境や社会的環境，人々の社会的な態度による環境を構成する因子

個人因子 (personal factor)：個人の人生や生活の特別な背景

(出所) 厚生労働省大臣官房統計情報部編「生活機能分類の活用に向けて」

なく，社会によって作り出されたと考える。そして障害への取り組みは，障害のある人が社会へ完全参加できる環境に向けての社会的行動であり，社会変革への態度や思想，政治的な問題とされている。これらの統合が ICF であり，生活機能を中心に据えた「**生物―心理―社会モデル**」が用いられ，健康に関する一貫した見方を提供している。この ICF の特徴は，分類の視点をマイナス

面ではなく，生活機能というプラス面へ転換し，環境因子の観点を含んだ点にある。

　心理職の業務として心理治療の実施のみに注力するのではなく，ICF の視点をもって心理的援助に努めなければならない。つまり，人間の健康は心理の問題だけが単独に存在するではなく，様々な要素や因子が相互に作用していることを踏まえる必要がある。そのうえで心理職は自らの役割・機能，限界を意識し，業務にあたることが大切である。

1-3　障害と生産性

　障害の有無にかかわらず，すべての人がお互いの人格と個性を尊重する共生社会の実現が求められている。しかしながら，今もなお障害者への偏見や差別にもとづいた様々な事象がある。その中でも，施設入所者19名を殺害し，職員を含む26名を負傷させたと報道された**「津久井やまゆり園事件」**は，障害福祉そのものや，それに携わる者の意識・姿勢が改めて問われる重大事件である。この事件については，神奈川県（津久井やまゆり園事件検証委員会，2016）や，国（相模原市の障害者支援施設における事件の検証及び再発防止策検証チーム，2016）の報告書があり，以下はそれらをもとにした事件概要である。

　　2016年7月26日午前2時頃に，神奈川県相模原市にある障害者支援施設「津久井やまゆり園」に，26歳男性の元職員（約5か月前に退職）が侵入し，入所者43名と職員3名を刃物で殺傷し，緊急逮捕される事件が発生した。

　　　やまゆり園在職中には，「障害者は生きていても意味がない」「税金の無駄」「安楽死させた方がいい」等の言動があった。そして事件後に，これらの言動が大きく報道されると，この元職員の行為をたたえる声や，「よくやった」というつぶやきがネット上に見られた。

　この事件については，様々な立場の人によって，議論が深められるべきである。その中でも障害福祉の領域で働く心理職にとって，「生産性」は重要なテ

ーマである。この「生産性」に関して思い起こされるのは，糸賀一雄の「**この子らを世の光に**」の言葉であり，その著書（糸賀，1968）に次の一節がある。

> 人間と生まれて，その人なりの人間となっていくのである。その自己実現こそが創造であり，生産である。私たちのねがいは重症な障害をもったこの子たちも立派な生産者であるということを認めあえる社会をつくろうということである。「この子らに世の光を」あててやろうというあわれみの政策を求めているのではなく，この子らが自ら輝く素材そのものであるから，いよいよ磨きをかけて輝かそうというのである。「この子らを世の光に」である。この子らが生まれながらにしてもっている人格発達の権利を徹底的に保障せねばならぬということなのである。

障害児・者に対して，「なんとかしてあげたい」という思いを抱くことは，人としての素直な気持ちである。しかし，心理学の専門的知識と技術をもって，対人援助を行う心理職がそのレベルにとどまっていてもよいのか，今一度考えなければならない。相手の人格を尊重しているのか，施し的な支援になっていないか。心理職としての倫理観を確立するために，この文章の意味するところをしっかりと理解したい。

2　障害福祉サービスの利用

2-1　障害福祉に関する法律や制度

心理職が行う心理的な援助をより効果的にするためには，関連する法律や制度等の知識を有することが望まれる。障害福祉の法律，制度は，その時々の社会情勢により幾多の変遷をたどってきた。2002年度までの障害福祉サービスは，行政がサービスを決定し，行政がサービス提供を事業所に委託する「**措置制度**」のもとで行われていた。その後の「**支援費制度**」では，事業者と利用者の契約にもとづくサービス提供となり，利用者の**応能負担**となった。2006年度からは，障害者自立支援法の施行に伴って「**自立支援制度**」が開始された。この

自立支援制度の特徴は，3障害（身体・知的・精神）のサービス一元化，障害程度区分の導入，サービスは利用者の**応益負担**とされた。この応能負担から応益負担への変更が，障害者等の生活に大きな負担や影響を及ぼし，当事者や関係団体は制度の抜本的な見直しを求めた。

　当事者や関係団体の要望，各地方自治体の取り組みや，社会情勢の変化などの経緯を経て，2012年には**障害者総合支援法**（「障害者の日常生活及び社会生活を総合的に支援するための法律」）が公布された。この法律の目的は，「障害者及び障害児が基本的人権を享有する個人としての尊厳にふさわしい日常生活又は社会生活を営む」ための総合的な支援を行うことである。また基本理念として，①個人としての尊重，②共生社会の実現，③身近な場所での支援，④社会参加の機会確保，⑤共生を妨げられないこと，⑥障壁の除去，などがあげられている（序章2節も参照）。

2-2　障害福祉サービスの体系と利用手続き

　障害児者の心理的な問題は日常生活と密接に関連し，相互に影響を及ぼしている。心理的な支援を要する人たちの現実的な暮らしを快適にするために，心理職は福祉サービスの種類や，それらの利用方法の概要を知っておく必要がある。

　障害福祉サービスの体系は，介護給付，訓練等給付，障害児支援に係る給付，相談支援に係る給付の四つに分けられ，ホームヘルプ，ショートステイ，就労継続支援，児童発達支援，計画相談支援などの28のサービスがある。

　サービスの利用の手続きは，①**相談・申請**，②**認定調査**，③**一次判定**，④**二次判定**，⑤**認定・結果通知**，⑥**サービス利用意向の聴取**，**サービス等利用計画案の提出**，⑦**支給決定**である。

2-3　サービス利用の主体性

　障害福祉サービスは，障害者を長きにわたって保護される客体としてとらえてきた。援助者が本人のためと考えるサービスを提供し，障害者はそのような

サービスを不本意ながら受け入れることも少なからずあった。しかし、「**障害者権利条約**」策定に参画した当事者の"Nothing about us without us"（私たちのことを、私たち抜きで決めるな）という主張は、サービス利用の主体性を明確にしたものである。心理職の役割は、本人のニーズをしっかり受け止めること、そのニーズに対するサービス提供を自らが決定できるよう支援することである。

3　障害の判定等に関する課題

3-1　障害を受け入れるということ

「障害受容」という響き

19歳のＡさんは、何とか入学できた高等学校を中退し、いくつかの職に就いたが長続きしなかった。母親と福祉の関係者に連れられて知的障害者更生相談所を訪れた。療育手帳の申請に伴う判定であったが、来所の目的を尋ねると、「就職するため」と話され、療育手帳のことはまったく聞かされていなかった。療育手帳について丁寧に説明すると、「そんなもんいらん、俺は関係ない」と退室された。Ａさんはうまくいかない日々の暮らしを実感されていたが、それが「障害」と結びつけられることへの抵抗や拒否があったようだ。自身の障害を理解し、受け入れることは、これまでの生活や生き様、そして今ある自分の存在にかかわる大きな問題であり、困難なことである。「**障害受容**ができている」「障害受容に至っていない」などと耳にする。しかし、「障害の受容」が最終ゴールなのか、また障害を受け入れたか否かは他者が評価すべきことだろうか。「障害受容」という言葉の意味や響きが、当事者やその身近にいる人にとって、どのような影響を与えているかを考えると、この用語を軽々しく用いるべきではない。

親が子どもの障害を受容する過程

障害の受容は、障害をもつ当事者だけではなく、子どもを育てる親にとっても深刻なことである。親が子どもの障害を受容する過程には、段階説、慢性的

悲哀説，そして螺旋形モデルの三つの説がある。ドローターら（Drotar, Baskiewicz, Irvin, Kennell, & Klaus, 1975）の**段階説**は，先天性の障害をもつ子どもの親への面接を通じて五つの段階に分類した。まず障害があるという「ショック」，次に障害を否定する「否認」，そして「悲しみや怒り，不安」を経て，障害を受け入れていく「適応」，最後には前向きな「再起」の段階に到達するという説である。このような段階説は，障害受容のプロセスは誰もが各段階を経験して，安定という最終段階に至るものと考えている。

　オルシャンスキー（Olshansky, 1962 松本訳 1968）が提唱した**慢性的悲哀説**は，知的障害児の親への臨床経験にもとづいており，親の悲しみは子どもの成長に伴う転換期において繰り返し経験され続け，終わりはないとする説である。ある母親は次のような不安・心配を話した。「3歳になっても言葉がでない。（幼稚園に）入園させてくれるのかな」「学校に入ったら，勉強についていけない」「一般の高校入試はダメと言われた。特別支援学校の高等部なのか」などと，子どもの成長の節目が来るたびに，障害に直面して落胆が繰り返されていた。

　障害受容の**螺旋形モデル**（中田，1995）は，段階説と慢性的悲哀説の二つを包括したモデルであり，知的障害や発達障害をもつ子どもの母親への半構成的面接法を用いた調査にもとづいている。このモデルは，親には障害を肯定する気持ちと否定する気持ちの両方の感情が，螺旋状になったリボンの表裏のようにつねに存在すると考えている。

障害受容に関係する要因

　障害受容という多くの困難と悩みを抱えている当事者自身，または育てている親を支援する心理職は，障害の受容過程に関係する要因を一つひとつ確認することが望まれる。桑田・神尾（2004）は次の五つの要因をあげている。それらは，①子どもの特性要因，②診断告知の要因，③親の内的要因，④家庭環境の要因，⑤社会的要因である。心理職は医師や保健師などの**多職種チーム**の一員として，これらの要因を検討し，それに対する適切な援助計画を立て，実践することが求められる。

3-2　様々な判定や認定

障害福祉の制度やサービスの利用申請

　季刊誌『発達』（ミネルヴァ書房）創刊号の連載記事はインパクトのあるものだった。あらためて確認すると，福本武久（1978）著による『電車ごっこ停戦』（筑摩書房）の一部が引用されていた。その小説に登場する4歳児のマサオには障害があり，児童相談所において**特別児童扶養手当**や障害児通園施設（現「**児童発達支援センター**」）入所の判定を受ける両親の決意が表されていた。

> …（前略）…判定が有利に展開するように，面接が終わるまで何も飲食させないでおこうと決めたのである。腹が減るとマサオはすこぶる不機嫌になる。その不機嫌さを利用しようと思った。とにかくキ・ッ・プ・をもらうためには，どんなこともいとわなかった。

　法的根拠にもとづく障害福祉の制度やサービスは，申請すれば誰もが取得できるわけではなく，その対象者の範囲が決められている。その判定にかかわる心理職は，知能検査や発達検査を実施し，基準にそって該当・非該当とたんに振り分けるだけが業務ではない。当事者や家族がどのような思いをもって制度の利用申請に至ったか，判定の結果を受け入れることができるのか等へも心をくばり，援助者としてサポートする役割を担っている。

障害者手帳

　障害者手帳には，「身体障害者手帳」「精神障害者保健福祉手帳」「療育手帳」の三つの種類がある。これらの障害者手帳をもつことによって，様々な支援やサービスを受けやすくなり，就労に関しては障害者雇用枠の適用となる。

身体障害者手帳

　身体障害者福祉法第15条に定める身体上の障害のある者に対して，都道府県知事，政令指定都市市長または中核市市長が交付する。交付対象者は身体障害者福祉法別表の障害がある者。その種類は①視覚障害，②聴覚または平衡機能の障害，③音声機能，言語機能またはそしゃく機能の障害，④肢体不自由，⑤心臓，じん臓または呼吸器の機能の障害，⑥ぼうこうまたは直腸の機能の障害，

⑦小腸の機能の障害，⑧ヒト免疫不全ウイルス（HIV）による免疫機能の障害，⑨肝臓の機能の障害。障害の程度は身体障害者福祉法施行規則別表第5号「身体障害者障害程度等級表」において，各障害の種類ごとに等級が定められている。

精神障害者保健福祉手帳

精神障害者福祉法第45条にもとづき，一定の精神障害の状態にあることを認定して，各種の支援策を講じやすくし，精神障害者の自立と社会参加を促進することを目的とした手帳である。都道府県知事または政令指定都市市長が交付する。交付対象者は，一定の精神障害の状態により，日常生活や社会生活が制限されている，もしくは制限を加える必要のある者とされ，1～3級に区分されている。

療育手帳

知的障害児・者への一貫した指導・相談を行い，各種の援護措置を受けやすくするため，各都道府県ごとの実施要綱にもとづいて，都道府県知事または指定都市市長が交付する。なお法律の規定はなく，ガイドラインとして国の通知（昭和48年9月27日厚生省事務次官通知「療育手帳制度について」）がある。交付対象者は，児童相談所（18歳未満）または知的障害者更生相談所（18歳以上）において知的障害と判定された者である。障害の程度等は各都道府県等によって異なり，国の通知では重度（A）とそれ以外（B）の二つに区分されている（第6章1節を参照）。

3-3　知的障害における適応行動

知的障害の定義については，WHO による ICD-11 や，アメリカ精神医学会（APA）の DSM-5 がある。また **Mental Retardation（精神遅滞）**から **Intellectual Disablities（知的障害）**に用語を変更した**アメリカ知的・発達障害学会（AAIDD）**の定義は，「知的障害は，知的機能および適応行動（概念的・社会的・実用的な適応スキルによって表される）の双方の明らかな制約によって特徴付けられる能力障害である。この障害は18歳以前に発現する」である。適

応行動の概念的スキルは言語（読み書き），金銭，時間および数の概念であり，社会的スキルは対人的スキル，社会的責任，自尊心，騙されやすさ，規則や法律を守る，および社会的問題を解決するなどの適応スキルである。そして，実用的スキルは日常生活スキル，職業スキル，金銭の使用，移動や電話の使用などである。これらの定義に共通する特徴は，「適応行動」を重要な構成要素としていることである。

　適応行動を評価する代表的な尺度に Vineland-Ⅱ（Sparrow, Cicchetti, & Balla, 2005 日本版 2014）がある。この Vineland 適応行動尺度第 2 版は，四つの適応行動領域（コミュニケーション，日常生活スキル，社会性，運動スキル）と一つの不適応行動領域と，それぞれの下位領域から構成されている。

　知的障害を IQ や DQ の値のみで判断するのではなく，日々の暮らしにおける適応行動，つまり社会生活や日常生活の観点からも評価しななければならない。

> ❖考えてみよう
> 　『くちづけ』『海洋天堂』，これらは映画のタイトルである。他にも数多くの障害に関連した映画がある。エンターテインメントの世界では，どのような視点で障害が描かれているのか。アカデミー賞を受賞した映画，多くの観客を動員した映画，話題になった映画，涙をさそう映画，コメディタッチの映画など，様々なジャンルで製作されている。これらの作品を通して，多くの人々が障害をどのようにとらえているか，考えてみよう。

もっと深く，広く学びたい人への文献紹介
　　東田　直樹（2016）．自閉症の僕が跳びはねる理由　角川学芸出版
　　　　☞この本に限らず，当事者によって書かれた世界，体験や訴えをその著書を通して知ることは，対人援助職にとって大切なことである。心理職としての実践力を高めるには，専門書を読み深めるととともに，それらの本を読んで当事者の思いにしっかりと心を寄せることである。当事者やその家族が執筆された数多くの本と出会って，感じて，思いをめぐらせていただきたい。
　　沖田　×華（2012）．毎日やらかしてます。──アスペルガーで，漫画家で──

ぶんか社

☞発達障害と診断された著者が一人の当事者として，自身の障害特性をどの
ように捉えて，どのように付き合っているのか漫画を通して表現してい
る。

引用・参考文献

Bronfenbrenner, U. (1979). *The ecology of human development: Experiments by nature and design.* Cambridge, MA: Harvard Univesity Press.
（ブロンフレンブレンナー，U.　磯貝　芳郎・福富　護（訳）（1996）．人間発達の生態学——発達心理学への挑戦——　川島書店）

Drotar, D., Baskiewicz, A., Irvin, N., Kennell, J., & Klaus, M. (1975). The adaptation of parents to the birth of an'infant with a con-genital malformation: A hypothetical model. *Pediatrics, 56,* 710-717.

福本　武久（1978）．電車ごっこ停戦　筑摩書房

糸賀　一雄（1968）．福祉の思想　日本放送出版協会

厚生労働省大臣官房統計情報部（編）（2007）．生活機能分類の活用に向けて——ICF（国際生活機能分類）：活動と参加の評価点基準（暫定案）——　厚生統計協会

桑田　佐絵・神尾　陽子（2004）．発達障害児をもつ親の障害受容過程——文献的検討から——　児童青年精神医学とその近接領域，*45*(4)，325-343.

中田　洋二郎（1995）．親の障害の認識と受容に関する考察——受容の段階説と慢性的悲哀——　早稲田心理学年報，*27*，83-92.

Olshansky, S. (1962). Chronic sorrow: A responce to having a mentlly defective child. *Social Case-work, 43,* 190-193.
（松本　武子（訳）（1968）．絶えざる悲しみ——精神薄弱児を持つことへの反応——　ヤングハズバンド，E.（編）松本　武子他（訳）　家庭福祉：家族診断・処遇の論文集　家政教育社，pp. 133-138.）

相模原市の障害者支援施設における事件の検証及び再発防止策検討チーム（2016）．中間とりまとめ——事件の検証を中心として——　厚生労働省

Sparrow, S. S., Cicchetti, D, V., & Balla, D, A. (2005). *Vineland Adaptive Behavior Scales* (2nd ed.). NCS Pearson, Inc.
（辻井　正次・村上　隆（日本版監修）黒田　美保・伊藤　大幸・萩原　拓・染木　史緒（日本版作成）（2014）．日本版 Vineland-II 適応行動尺度面接フォームマニュアル　日本文化科学社）

津久井やまゆり園事件検証委員会（2016）．津久井やまゆり園事件検証報告書　神奈川県

第6章　知的障害・発達障害・強度行動障害児・者への支援
——社会全体を見渡して，一人ひとりに向きあう

渡 邉 香 織・萬木はるか・佐 々 木 新

> 本章では障害福祉の分野で働く心理職が担う判定業務や，支援に向けての大切な視点，および他職種との協働において果たすべき役割について解説する。知的障害児・者の療育手帳交付に代表される様々な判定という業務が，当事者や家族にどのような意味をもたらすかを考えていただきたい。心理学的な観点からだけではなく，社会全体を俯瞰してシステム的に物事を把握することが，発達障害児・者への現実的支援につながることを理解してほしい。そして，強度行動障害を有する当事者，家族，および関係者への多面的な支援には，その暮らしの場に入って，思いやニーズを肌で感じることが大切である。
>
> （笹川宏樹）

1　療育手帳交付その他のための判定

渡邉香織

1-1　療育手帳とは

療育手帳は，知的障害児・者に対して一貫した指導・相談を実施し，各種の援助措置を受けやすくすることを目的として交付されるものである。法律上の明確な定義や基準が定められておらず，国からの通知による各都道府県および各政令指定都市独自の制度であるため，「愛の手帳」（東京都，横浜市）や「みどりの手帳」（さいたま市）のように異なる名称を用いている自治体もある。さらに，名称だけではなく障害の程度区分やそれによって受けられるサービス内容などにも違いがある。

この療育手帳は各自治体に申請さえすれば，誰でも手にすることができるわけではなく，必ず**判定**を受ける必要がある。対象者が18歳未満であれば**児童相談所**が，18歳以上の場合は**知的障害者更生相談所**（以下，更生相談所）がその役割を担うことになる。判定に至るまでの手続きや流れ等については，各自治体独自の制度であることから当然，異なっている。

　ここでは，18歳以上のいわゆる大人を対象とした場合と，18歳未満の子どもを対象とした場合の療育手帳の交付業務について，筆者が勤務する自治体の取り組みの様子や，心理職として求められること等を伝える。

1-2　療育手帳の判定業務

　対象者が18歳以上の場合，まずは支援を必要とする本人や保護者が居住地域の福祉事務所に申請を行う。申請が受理されると，療育手帳担当の**ケースワーカー**が面談を実施し，療育手帳の申請に至った経緯や現在困っていることなど，いわゆる**主訴**を聞き取り，それをもって福祉事務所が更生相談所へ相談・判定を依頼する。更生相談所が受理すると，各ケースの大まかな流れを検討する所内の受理会議を経て，担当のケースワーカーが判定の日時や場所等の調整を行い，本人および家族へ連絡する。判定当日は，担当のケースワーカーと**心理判定員**の2名で対応し，ケースワーカーが聞き取りを，心理判定員が検査を同時並行で行う。

　そして，心理判定員が実施した**知能検査**または**発達検査**によって測定された知能指数（IQ）または発達指数（DQ），家族や支援者からの聞き取りによる日常生活における**社会生活能力**の評価，特別な配慮を必要とする事柄（強いこだわり，自傷・他害行為，てんかん発作等）により，どの程度，介護が必要かという三つの視点で障害の程度を検討する。新規に交付する場合，大人は成長期にある児童に比べると，障害の程度や様相が大きく変動することが少ない。そのためおおむね5年毎に更新の手続きを行うこととし，次回の判定時期を5年後の誕生月に設定する。そして，本人および家族，支援者に対しては療育手帳に該当するかどうかを伝え，ニーズに応じて本人の得意不得意だけでなく，利用

できる福祉サービスについての情報提供も行っている。

　では，対象者が18歳未満の子どもの場合はどうだろうか。療育手帳を必要と
したとき，福祉事務所に申請を行うところは大人の場合と同じである。大人で
あれば，申請時に福祉事務所のケースワーカーの聞き取りが行われるが，子ど
もの場合はそれがなく，申請書だけが児童相談所に送付される。つまり，児童
相談所の療育手帳担当の心理職が最初に得る情報は，申請書に書かれた内容
（氏名，生年月日，住所，保護者名等）のみということである。そこで，担当す
る心理職が申請者である保護者へ電話連絡し，判定日時の調整と同時に大まか
な聞き取りを行う。その際，検査を受ける子どもについて，配慮事項の確認や
すでに療育機関や**特別支援学級**を利用しているか，疾患の有無や病院で何かし
らの診断を受けているか，過去に発達検査や知能検査を受けたことがあるか等
を確認し，大まかな子どもの状態像を見立てる。さらに，申請に至った経緯を
聞き取ることで，子どもに関する情報だけでなく療育手帳に対する疑問や不安，
悩みといった保護者の思いを汲み取り，検査を担当する心理職と共有する。

　筆者が勤務する児童相談所では，申請時に対象児が低年齢の場合は心理職1
名で，高年齢の場合は心理職2名で対応することが多い。一人が発達検査を実
施し，同時並行でもう一人が生育歴等の聞き取りを行うことによって，判定に
かかる時間を短縮し，保護者や子どもへの負担を減らすこともできている。そ
して，発達検査の結果と保護者からの聞き取りによる社会生活能力から発達状
態を評価し，そこに行動および医療保健面の評価を加えて総合判定を行う。次
期判定年月については，原則2年後であるが，手帳の程度変更の可能性が高い
場合や，子どもの状態が一定しない（てんかん発作の治療中等）場合があるため，
対象児の状態や年齢に合わせて設定することもある。判定結果については，申
請者である保護者に伝えることがほとんどであるが，中には高年齢児で，保護
者が子どもに直接結果を伝えてほしいと希望することや子ども自身が結果につ
いて知りたいと望むこともある。そのような場合には，子どもに対しても判定
結果とともにその意味や子どもの得意不得意について伝えるようにしている。

1-3　療育手帳を取得するということ

　療育手帳を申請するということは，本人もしくは家族や支援者が何かしらの支援を必要としていると考えられるが，そのタイミングは人それぞれであり，申請に至るまでには百人百様の思いがある。判定結果そのものだけではなく，知的な遅れがあることを証明する療育手帳を取得する（あるいは手帳に該当しない）ということが，本人および家族にとってどういうことを意味するのかにも，心理職は思いを馳せながら判定に望んでいる。

　18歳未満で申請に至っている場合は，一概には言えないが，**乳幼児健診**で発達の遅れを指摘されていることが多い。言葉の遅れを指摘され，早期に療育サービスとつながり，支援を受けるプロセスを歩んでいくこともあれば，遅れているという指摘を受け入れられず，様子を見るという選択をする保護者も少なくない。そこにはわが子に対する思いだけでなく，保護者自身の家族背景等も複雑に絡んでおり，支援を受ける選択をしないことにもなる。それでも子どもの場合，所属する幼稚園や小学校等からの強い勧めがあり申請に至ることがある。しかし，保護者がその勧めに真に納得できていないと，申請をしたとしても判定の予約をする段階になって辞退するという事態が起こる。その一方で，出生前から遺伝子疾患等が判明している場合，病院から出生後に必要な支援の一つとして療育手帳の情報提供がなされ，生後2か月ほどで申請に至っているケースもある。以前に比べると，年々申請時期が早くなっている印象がある。

1-4　支援につながる判定

　療育手帳には有効期限があり，定期的に**再判定**を受ける必要がある。新規交付にせよ更新時にせよ，心理職はごく限られた時間の中で保護者や支援者から話を聞いているが，そこでのやりとりをきっかけに相談関係につながることもあり（筆者が勤務する機関では，療育手帳の判定を担当する係とは別の係にリファーする），そこに心理職としての醍醐味があるとも言える。というのも，たんに療育手帳の手続きを事務的に行っているだけではけっして果たせない役割があるからである。たとえば，判定結果を伝えた際に子どもの発達の偏りについ

て説明すると，子育てのやりにくさが語られ，さらには「（子どもに対して）暴力を振るってしまう」と打ち明ける保護者も中にはいる。そういった場合は，暴力は虐待になることを伝えるとともに，子育てに苦心する保護者に寄り添いながらかかわり方のヒントや利用できる福祉サービスの情報提供を行い，子育て支援や虐待防止を専門とする部署につないで，継続的な見守りや指導等を依頼することもある。

　また，更生相談所が知的障害を有する者に関するあらゆる相談を業務の対象とするのに対して，児童相談所は，障害や虐待に限らずひきこもりや不登校，非行等のあらゆる心配事についても相談できる機関である。たとえば，不登校の相談を受けたケースワーカーが子どもの心理判定の必要を考え，その依頼を受けた**児童心理司**が行う心理検査に知能検査が含まれるのは自然なことである。そしてその知能検査の結果から療育手帳に該当することが判明し，療育手帳の取得につながることもある。なお，更生相談所においても，情緒不安定や不適応行動，強度行動障害に関する相談，家庭や職場，施設等での悩みや困り事についても相談に応じており，心理職としての専門性が求められている。

2　発達障害児・者への支援

萬木はるか

2-1　発達障害とは

　「発達障害」とは，認知や行動といった発達面の特性によって，生活に支障が起こることをいう（本田，2018）。**発達障害者支援法**（2005年施行，2016年改正）においては，「自閉症，アスペルガー症候群その他の広汎性発達障害，学習障害，注意欠陥多動性障害その他これに類する脳機能の障害であってその症状が通常低年齢において発現するもの」と定義されている。つまり，何か単一の症状や状態を指すものではなく，発達の特性の現れ方によって生じる障害の総称が「発達障害」である。

　代表的な発達障害（**自閉症スペクトラム，AD/HD，LD**）の特徴とそれぞれの関係は，次のように整理される（図6-2-1）。

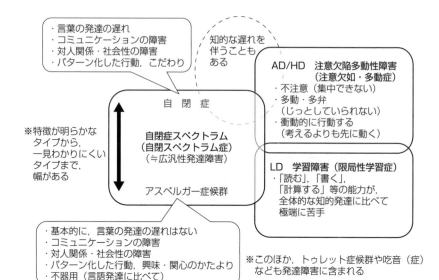

・言葉の発達の遅れ
・コミュニケーションの障害
・対人関係・社会性の障害
・パターン化した行動，こだわり

知的な遅れを
伴うことも
ある

AD/HD　注意欠陥多動性障害
（注意欠如・多動症）
・不注意（集中できない）
・多動・多弁
　（じっとしていられない）
・衝動的に行動する
　（考えるよりも先に動く）

自　閉　症

自閉症スペクトラム
（自閉スペクトラム症）
（≒広汎性発達障害）

アスペルガー症候群

※特徴が明らかな
タイプから，
一見わかりにくい
タイプまで，
幅がある

LD　学習障害（限局性学習症）
・「読む」，「書く」，
　「計算する」等の能力が，
　全体的な知的発達に比べて
　極端に苦手

・基本的に，言葉の発達の遅れはない
・コミュニケーションの障害
・対人関係・社会性の障害
・パターン化した行動，興味・関心のかたより
・不器用（言語発達に比べて）

※このほか，トゥレット症候群や吃音（症）
なども発達障害に含まれる

図 6-2-1　代表的な発達障害の特徴とそれぞれの関係
（出所）発達障害情報・支援センターのウェブサイトをもとに作成

　文部科学省の調査（2012）では，小・中学校の通常の学級において，発達障害の可能性のある特別な教育的支援を必要とする児童生徒の割合は6.5%（推定値）であった。自閉症スペクトラムについては，その特徴はもっていても，生活に支障はなく福祉サービスの対象とはならない人まで含めれば，潜在的には人口の10%は存在するとも言われる（本田，2013）。このように，いまや発達障害はけっして珍しいものではなく，様々な相談や支援の現場で，誰もが出会う可能性のある存在である。

2-2　発達障害者支援センター

　発達障害者支援センターは，発達障害者支援法にもとづき，発達障害児・者への支援を総合的に行うことを目的とした専門的機関である。都道府県・政令指定都市自ら，または，都道府県知事等が指定した社会福祉法人，特定非営利活動法人（NPO法人）等によって設置・運営される。

　センターは，発達障害児・者とその家族が安心して地域生活を送れるように，

「相談支援」「就労支援」「発達支援」「普及啓発・研修」を柱に，保健・医療・福祉・教育・労働などの関係機関と連携し，地域における総合的な支援ネットワークを構築しながら，発達障害児・者とその家族からの様々な相談に応じ，指導と助言を行う。ただし，自治体の人口規模や面積，交通網，既存の地域資源の有無や発達障害児・者支援体制の整備状況などによって，各センターの事業内容や対象には地域性がある。

　筆者の勤務する京都市発達障害者支援センターでは，相談の主たる対象を18歳以上とし，フォーマル，インフォーマル含め様々なツールを用いた評価や面談を通じて，生活面の課題の整理や就労に向けた自己の特性理解の支援を行っている。また，家族を対象とした学習会の開催，福祉施設や保育・教育機関等への研修やコンサルテーションの実施を通じて，発達障害特性への正しい理解とそれにもとづく支援の考え方を広げるための取り組みを行っている。ほかに，発達障害の啓発を目的とした一般市民向け公開講座の開催，自閉症協会等の親の会と協働した啓発イベントの主催など，センターの業務フィールドは相談室の中だけにとどまらない。こうした「評価・本人支援」「家族支援」「支援者養成」と，「連携のネットワークづくり」「普及啓発」といった役割は，自閉症・発達障害支援のシステム構築における世界的な先駆けであるアメリカ・ノースカロライナ州の**TEACCH プログラム**でも，核として取り組まれてきたものである（Schopler, Olley, & Lansing, 1985 佐々木・大井・青山訳 1985）。

2-3　発達障害児・者への支援における心理職の役割

　ここで，**公認心理師法**（2017年施行）における公認心理師の定義（第2条）をあらためて見てみよう。公認心理師は，①対象者の心理状態のアセスメントを行い，②対象者の相談に応じてアセスメントにもとづく助言や指導，援助を行うとされ，加えて③対象者の家族や支援者などの関係者も，援助の対象であり，さらに④心の健康に関する知識の普及啓発，情報提供を行うとされている。

　お気づきのとおり，発達障害者支援センターの役割と，公認心理師に求められる役割や業務への姿勢（岩壁・金沢・村瀬，2018）は非常に共通する（表

表 6-2-1　発達障害者支援センターの役割と公認心理師の役割

発達障害者支援センター			公認心理師
相談支援	・本人の特性評価 ・評価を基にした 　本人への助言・指導 ・家族への支援	・関係機関 　との連携 ・支援ネッ 　トワーク 　の構築	要心理支援者に対する ・心理状態の観察とその結果の分析（＝評価） ・心理に関する相談，助言，指導，その他の援助 ・関係者（＝家族，支援者）との相談，助言， 　指導，その他の援助
就労支援			
発達支援			
普及啓発 ・研修	・支援者養成 ・一般市民への啓発		社会全体に対する 　心の健康に関する知識の普及を図るための 　教育および情報の提供

（出所）公認心理師の役割は岩壁他（2018）をまとめた

6-2-1）。

　発達障害者支援センターの職員には，心理職の配置が義務づけられているわけではない。職員採用の募集条件はセンターを運営する自治体や社会福祉法人にゆだねられている。現在のところ，心理系資格の保有を採用の必須要件としているセンターばかりではないことも事実である。しかしながら，今後，発達障害児・者の支援は，公認心理師がその職責を存分に果たしながら活躍できる職域の有力候補の一つとなるのではないだろうか。大学や大学院のカリキュラムにおいて，発達や心理査定，特別支援教育，障害福祉といった領域はもちろんのこと，ぜひプレゼンテーションやネットワーキングといった，心理学の学際的領域にも関心をもってもらいたい。発達障害児・者支援においては，一人ひとりを丁寧に見つめる目と同時に，社会を俯瞰しシステム的に把握できる視点も欠かせないものであり，それこそ心理職に期待される役割であるという自覚と責任をもった仲間が増えてくれることを願っている。

3　強度行動障害への取り組み

佐々木　新

3-1　知的障害児・者の問題行動と強度行動障害

　知的障害児・者への支援の現場では，様々な**問題行動**（problem behavior）に出会うことがある。ここでいう問題行動とは，彼らが示す習癖や自傷行為，

他害行為，特定の事物への強い固執などの行動を指す。これらは**行動障害**（behavior disorder）とも呼ばれ，「障害をベースに起こった，社会的に見て好ましくない，あるいは，本人の安全や身体的健康にとって好ましくない，正常には現れにくい行動」（中根，1999，p.209）とされる。中でも，行動障害が通常では考えられない頻度と形式で出現し，家庭や学校，施設等でのかなりの努力があっても対応が著しく困難となっている状態を**強度行動障害**と呼ぶ。たとえば，他者を叩いたり噛みついたりする行動を一日に何度も繰り返す，窓ガラスやテレビ，家具などの手の届く物はことごとく破壊する，自分の頭部を床や壁に何度も強く打ち付けて裂傷，陥没させる，強迫的な多飲水（polydipsia）から水中毒（water intoxication）に至るなど，自他ともに危険な行動を日常的に示す事例がある。近年，福祉サービスの対象としての「強度行動障害」の範囲は拡大され，一定の地域生活が可能な人も含まれるとされるが（志賀，2014），適切な支援が行き届いていない場合の典型的な強度行動障害の状態は深刻である。当事者や家族，関係者の心理的混乱や苦痛，生活の困難さと疲弊の改善に向けた多面的な支援が求められる。

3-2　強度行動障害の成因

　佐々木（1973）は当時の国立の居住施設に暮らす重度の知的障害のある入所者114名（男性80名・女性34名で，年齢幅は6歳5か月から25歳3か月）を対象に調査を行った結果，「自閉性障害」のある人が行動障害をより多く保有することを見出した。通常，行動障害の多くは生来的なものではなく，この意味では知的障害や自閉症といった発達障害とは異なる。しかし，強度行動障害の状態にある人の多くは知的障害に加えて自閉症の特性を有することが明らかになっており，自閉症と強度行動障害との関連が示唆されている。もちろん，これは知的障害のある自閉症児・者だから強度行動障害に至るという意味ではない。あくまで，一部の知的障害のある自閉症児・者においては，本人の特性への誤解にもとづく不適切な「養育」「指導」「支援」が繰り返された場合に，強度行動障害へと発展するリスクがあるという意味である（笹野・中島，2007）。

3-3　強度行動障害への対応の実際と心理職の役割

　強度行動障害への取り組みは，主に知的障害児・者の入所施設の実践と研究を中心に進められてきた。強度行動障害の改善に有効な支援のエッセンスとして，本人の了解しやすい環境の提供，視覚的な情報も活用したコミュニケーションへの配慮などの要件が明らかになっている（飯田，2004）。ここでは**障害者支援施設**を想定した対応の実際や留意点，心理職の役割について述べる。

　まず必要なのは，対象者の生育歴や医学的診断，知能検査等の心理的アセスメント，薬物療法も含む治療歴や教育，支援の経過に関する情報を関係者との面接等を通じて収集し，現在の状態を理解することである。並行して，本人の日常生活の支援と行動の観察を通じて，時間や予定，その他生活に必要な情報（たとえば色や形，文字や絵，写真，具体物など）の理解，コミュニケーションの方法や身辺自立の状況，活動や仕事内容への適応，余暇の過ごし方等についてのインフォーマルなアセスメントを繰り返す。そのうえで，指導，支援の人的・物理的環境を踏まえた活動プログラムを柔軟に運用し，行動の変化を追う。この際，安心できる人間関係，また，十分な栄養摂取と定期的な排泄，入浴などによる保清，静穏な環境での十分な睡眠の確保などがもたらす生理的な快適さは強度行動障害の改善に向けたすべての基盤であり，これらが整うだけで減弱する行動障害もある。これで変化が見られない場合にはさらに対応を調整する。

　強度行動障害を前にして留意すべき点は，その行動の激しさにとらわれすぎないことである。本人や周囲の安全を考えると，危険な行動を制止することも当然あり得るし，これだけでもかなりの人手や精神的身体的エネルギーを要することも事実である。しかし，行動の単純な制止で問題は解決しないことが多く，必要なのは，その行動が生じた理由を事実にもとづいて論理的に考察し，その仮説からよく練られた対応を遂行することである。この課題への取り組みは心理職の担える役割であり，以下，そのための重要な視点を二つ述べる。

　一つは自閉症を理解することである。とくに自閉症の認知の特徴，たとえば情報の視覚的な理解や具体的な思考が得意であること，**注意**（attention）の移

行・選択・分配・持続の性質，**中枢性統合**（central coherence）や**実行機能**（executive function）の弱さ，加えて，感覚入力への過敏さや鈍感さなどを考慮すると彼らの言動の理解が進む（内山，2013）。寺尾・近藤（2005）は，激しい行動障害を示す重度知的障害のある自閉症成人に，彼らの強みにあわせた視覚的スケジュールの活用，生活や活動環境を視覚的にわかりやすく示す工夫を通じて，生活，就労，余暇を格段に充実させた。この実践の背景には**TEACCHプログラム**の考え方があり，発展を続ける TEACCH（TEACCH Autism Program, 2019）の理念と実践から誤解なく学び，自閉症の必要に応えることは強度行動障害への対応と重なる。

　もう一つは**応用行動分析**（applied behavior analysis）の考え方である。行動は経験によって変化する。強度の行動障害も過去の経験から成立したものであって，今後の経験次第で変容し得るという視点は関係者を前向きにしてくれる。応用行動分析では，行動を反応型（たとえば叩く，叫ぶなど）ではなく，その機能（役割）からとらえる。そのため，当該の行動に加え，その行動を引き起こす**先行刺激**（antecedents），その行動の増減と関係する**結果事象**（consequences），またこれら三つの関係に影響を及ぼす**状況事象**（setting events）に関する情報を収集する**機能的アセスメント**（functional assessment）が重視される。この手続きを通じた行動の機能の分析により，より適切な行動の獲得と不適切な行動の減弱に向けた対応が可能となる（O'Neill, Albin, Storey, Horner, & Sprague, 2015 三田地・神山監訳 2017）。

　現在，公認心理師は障害者支援施設において必置の資格ではない。しかしながら，心理学に関する専門的知識と技術は行動障害の理解と対応をはじめ，知的障害児・者の心の健康の保持増進への寄与が期待できる。心理職（公認心理師）も福祉施設の暮らしの場に入り，そこに生じる対象者の必要に応じた直接，間接の支援，関係者との協働を通じ，彼らの幸福に資する実践と研究が期待される。

・心理検査，所見，フィードバック，情報提供の目的は何だろうか。（渡邉）
・あなたが現在居住している地域の発達障害者支援センターに公認心理師として勤務する場合，相談や指導・助言の対象として，誰／どこ／何が想定されるだろうか。（萬木）
・強度行動障害の改善には彼らのニーズの理解が欠かせない。言葉で語ってはくれない彼らのニーズ，そして幸福をどのようにとらえるとよいだろうか。（佐々木）

もっと深く，広く学びたい人への文献紹介

竹内 健児（編）(2016). 心理検査を支援に繋ぐフィードバック――事例でわかる心理検査の伝え方・活かし方―― 第2集 金剛出版
　☞架空事例をもとに療育手帳の交付に至るまでの具体的なやりとりや心理学的所見，フィードバックの実際を学ぶことができる。（渡邉）
Frith, U. (2003). *Autism: Explaining the Enigma* (2nd ed.). Malden, Mass.: Blackwell Publishing.
　（フリス，U. 冨田 真紀・清水 康夫・鈴木 玲子（訳）(2009). 新訂 自閉症の謎を解き明かす 東京書籍）
　☞自閉症の人たちの認知特性や心理メカニズムについての理解を深めるために必携の一冊。自閉症研究の歴史や成果を知っておくことは，支援の前提条件である。（萬木）
佐々木 正美 (2002). 自閉症の TEACCH 実践 岩崎学術出版社
　☞自閉症（児）者への支援に TEACCH プログラム（当時）が与えた影響は大きい。TEACCH の実践とその基盤にある考え方がわかりやすく解説されている。（佐々木）

引用・参考文献
1節
なし
2節
発達障害情報・支援センター 発達障害とは http://rehab.go.jp/ddis/ 発達障害を理解する/発達障害とは/（2019年1月31日閲覧）
本田 秀夫 (2013). 自閉症スペクトラム――10人に1人が抱える「生きづらさ」の正体―― ソフトバンククリエイティブ
本田 秀夫 (2018). 発達障害がよくわかる本 講談社

岩壁 茂・金沢 吉展・村瀬 嘉代子（2018）．Ⅰ公認心理師の職責　1公認心理師の役割（公認心理師法からみて）　一般財団法人日本心理研修センター（監修）　公認心理師現任者講習会テキスト2018年版（pp. 4-10）　金剛出版

文部科学省初等中等教育局特別支援教育課（2012）．通常の学級に在籍する発達障害の可能性のある特別な教育的支援を必要とする児童生徒に関する調査結果について　http://www.mext.go.jp/a_menu/shotou/tokubetu/material/__icsFiles/afieldfile/2012/12/10/1328729_01.pdf（2019年1月31日閲覧）

Schopler, E., Olley, J. G., & Lansing, M. D.
　（ショプラー，E.・オーリー，J. G.・ランシング，M. D.　佐々木 正美・大井 英子・青山 均（訳）（1985）．自閉症の治療教育プログラム　ぶどう社）

3節

飯田 雅子（2004）．強度行動障害を中核とする支援困難な人たちへの支援について　さぽーと, *51*(11), 45-51.

中根 晃（1999）．発達障害の臨床　金剛出版

佐々木 正美（1973）．居住施設における重度精神薄弱児の行動障害とその周辺の問題　臨床精神医学, *2*, 1367-1378.

笹野 京子・中島 洋子（2007）．行動障害への医学的アプローチ　日本知的障害者福祉協会（編）　行動障害の基礎知識（pp. 15-34）　日本知的障害者福祉協会

志賀 利一（2014）．福祉サービスと自閉症スペクトラム──強度行動障害者への支援の経過から──　本田 秀夫（編）　特別企画 自閉症スペクトラム　こころの科学, *174*, 63-68.

TEACCH Autism Program (2019). Services Across the Lifespan for Individuals with Autism Spectrum Disorder　TEACCH® Autism Program. https://teacch.com/（2019年1月24日閲覧）

寺尾 孝士・近藤 弘子（2005）．成人入所プログラム　佐々木 正美（編著）　自閉症のTEACCH実践②（pp. 91-116）　岩崎学術出版社

内山 登紀夫（2013）．ライブ講義発達障害の診断と支援　岩崎学術出版社

O'Neill, R. E., Albin, R. W., Storey, K., Horner, R. H., & Sprague, J. R. (2015). *Functional assessment and program development for problem behavior: A practical handbook* (3rd ed.). Stamford: Cengage Learning.
　（オニール，R. E.・アルビン，R. W.・ストーレイ，K.・ホーナー，R. H.・スプラギュー，J. R.　三田地 真実・神山 努（監訳）（2017）．子どもの視点でポジティブに考える問題行動解決支援ハンドブック　金剛出版）

第7章 身体障害児・者等への支援
——ニーズを共有して，生活に寄り添う

杉村　繁・中津大介・河﨑佳子

　本章では，それぞれの身体障害に応じた心理的支援の特徴や実際の手立てを解説し，この領域の心理職に求められる心構えや態度を示す。まず重症心身障害児では，受け身的な反応を促すだけではなく，外界に向けて働きかけるように支援し，それに対する周囲の応答的な環境を整えること。次に，視覚障害児・者が経験する様々な喪失や傷つきを踏まえ，寄り添った生活サポートであること。そして聴覚障害児・者の発達と健康を守るには，ありのままを受け入れた愛着形成や，対等なコミュニケーション等に向けた支援を行うこと。このような障害特性による違いと，それらの支援に共通する理念を見出していただきたい。
（笹川宏樹）

1　重症心身障害児への心理支援

杉村　繁

1-1　重症心身障害児の特徴

　重症心身障害児（以下，重症児）とは，医学的な診断名ではなく，行政上の対応を行うため，児童福祉法第7条第2項で，「重度の知的障害及び重度の肢体不自由が重複している児童」と定義されたものである。判定基準は法律で定められていないが，**大島の分類**（大島，1971）で判定するのが一般的となっており，基準としては図7-1-1の1〜4に該当する児童となっている。18歳以上の成人も含めた重症児（者）は，全国で約47,000人いると推定されている（松葉佐，2015）。原因としては，低酸素や仮死などの分娩異常，脳奇形や染色体

異常，髄膜炎や脳炎後遺症，てんかん，脳外傷後遺症などがあげられる。

重症児の特徴としては，易感染性のため体調を崩しやすい，睡眠リズムが不安定となりやすく覚醒水準も高まりにくいといった**生理的基盤面での不安定さ**があげられる。また，気管切開，胃ろう，嚥下障害などにより，痰の吸引や経管栄養な

				(IQ)
21	22	23	24	25
20	13	14	15	16
19	12	7	8	9
18	11	6	3	4
17	10	5	2	1
走れる	歩ける	歩行障害	座れる	寝たきり

図7-1-1　大島の分類

（出所）大島（1971）

どの**医療的ケア**が必要なことに加えて，身体の側彎，手足の変形や拘縮といった整形外科的な問題も加齢とともに生じてくるため，医療機関への定期的な通院も必須となっている。活動面では，食事や着脱といった日常生活動作はほとんどが全介助で，自力での移動も困難となっている。また，視覚障害，聴覚障害などの感覚障害を合併する場合もある。

　重症児が受けられるサービスとしては，障害児入所支援（医療型），居宅介護，重度訪問介護，短期入所，訪問看護，相談支援をはじめとした様々な入所系サービス，通所系サービス，訪問系サービス等がある。このうち，通所系サービスとしては，2012年度の児童福祉法の改正で，児童発達支援，医療型児童発達支援，放課後等デイサービス，保育所等訪問支援となった。しかし，重度の障害等のために外出が著しく困難な障害児に発達支援を受ける機会が提供されていないことから，2018年度に発達支援のサービスが居宅で受けられる**居宅訪問型児童発達支援**が新たに加わった。

　このような背景を有する重症児には，小児科や整形外科などの医師，看護師，理学療法士，作業療法士，言語聴覚士といった医療系スタッフだけでなく，心理職，保育士，教師，保健師，栄養士，相談員など，多種多様な職種がそれぞ

れの専門的な立場から連携してかかわっている。

1-2　重症心身障害児へのアセスメント

アセスメントの際には，発達検査などによる客観的な評価が必要となるが，既存の発達検査がそのまま使えないような重症児が多い。そのため**行動観察**によって大まかな発達水準を推測しなければならないことから，とくに乳幼児期の定型発達を熟知しておく必要がある。また，行動観察からは，次のような内容の評価も併せて行うようにする。

働きかけを意識しているかどうかを判断するための反応に関する評価

情緒反応，発声，視覚定位や聴覚定位，身体に力が入るといった筋緊張性の活動，手足をはじめとした身体の動き，息づかいの変化，覚醒水準の変化など。

姿勢と活動性との関係に関する評価

どういった姿勢のときに，覚醒水準が上がりやすいか（または下がりやすいか），意識が向きやすいか（または途切れやすいか），身体の動きが出やすいか（または出にくいか）など。

感覚刺激に関する評価

刺激の種類，刺激の組み合わせ，強さ，方向性やタイミングなど刺激の提示の仕方，刺激への注目時間，閾値など。とくにどの方向から提示すると刺激が入りやすいのかを把握することが重要。また，刺激への注目が途切れやすくなる提示の仕方も併せて評価しておく。

刺激への意識や活動の持続性に関する評価

意識がどれだけ持続できるのかといった持続時間，同じ働きかけに対して同じ反応が生じるのかといった反応の再現性，刺激が提示されてから反応するまでの時間の把握など。また，てんかん発作，身体の過緊張，喘鳴といった活動を中断させるような要因も併せて評価しておく。

対人行動や対物行動に関する評価

人と物とではどちらの方により反応するのか，人の違いによる反応の違いはあるのか，人への反応（行動）の仕方はどのようなものかなど。一人でできる

対物行動は何か，何らかの配慮や介助があればできる対物行動は何か，どの位置に提示すれば対物行動が出現しやすくなるのかなど。

コミュニケーションに関する評価

働きかけと対応した快—不快の表現はどうか，どういった仕方で訴えているのか（表情，口の動き，発声，身体の動き，視線など），人に向けられているのかどうか，訴えている内容は具体的なものかどうかなど。

情緒反応に関する評価

どういった刺激によって情緒反応が引き起こされるのか，上記の活動に情緒反応が伴うのか，情緒反応が他者に向けられているか，情緒反応をコミュニケーションの手段として用いているかなど。

1-3　重症心身障害児への支援

重症児の場合，外界からの刺激を取り込む力や外界に意識を向ける力が弱く，意識が外界に向かっていない，あるいは向かってはいるが弱かったり持続しなかったりすることが多い。また，漠然とした意識の向け方となっており，特定のものに向かっていないことも多い。そのため，アセスメントで得た情報を手がかりに働きかけながら，外界への意識を引き出す。そして，引き出された外界への意識が特定のものに向けられるよう**志向性**を伴ったものにしていくことが大切となる。また，外界への意識を持続させるため，外界への意識と気持ちの高まりとが連動するように情緒面に働きかけていくことも併せて必要となる。

自発的な反応や動きが少ない重症児にとっては，周囲からの働きかけに対して，受け身的な反応となりやすいことから，自分から自発的に外界に向けて働きかけていけるようになることも大切である。そのため，子どもからの反応や行為があった際には，何らかの反応を返したり，行為の結果生じた変化が子どもにもわかるような設定にすることが必要となる。しかし，わずかな反応であったり，一般的な反応の仕方でなかったり，同じ反応が確実に再現されることが少なかったりする場合が多い。そのため，単独で判断するのではなく，親や関係者と一緒に確認し合いながら，子どもができることは何かを見つけ，それ

を確実なものにしていくことが求められる。

1-4　家族への支援

自力での活動が乏しいため，食事，入浴，排泄，衣服の着脱，移動，姿勢変換などの日常生活動作については，ほぼ全介助となる。状態によっては，頻繁な痰の吸引や酸素吸入といった医療的ケアも必要となる。家庭内では，これらを親が担うことが多く，負担が非常に大きい。また，家族の外出も制限されるなど，兄弟をはじめとして家族全員が何らかの制限を受けることにもなりやすい。また，母親が障害をもつことになった子どもへの罪悪感をもつこともある。こういった家族が抱える悩みや**精神的ストレス**への対応も，心理職には求められる。

2　視覚障害児・者への心理支援

中津大介

2-1　視覚障害者を取りまく現状

人間の情報処理は視覚的なものがかなり多くを占めており，**視覚の障害**は，生活のあらゆる側面に影響を及ぼし，その大きさは計り知れない。

視覚に障害をもつ状態は，視力の低下や視野の狭窄ばかりではなく，色覚の障害，コントラスト感度の低下，夜盲（暗いところでは見えにくい）や羞明（しゅうめい）（まぶしさ）などの順応の低下など様々である。その中で，身体障害者福祉法における視覚障害は，主に視力障害と視野障害を評価している。また，視機能をすべて喪失している**全盲**は少数で，多くが何らかの保有視覚が残っている状態（**ロービジョン**）であり，見えにくい状態にある。しかし，「ロービジョン」という言葉は，いまだに社会的な認知は不十分な状態であり，理解が進んでいない領域の一つである。

厚生労働省の「平成28年生活のしづらさなどに関する調査（全国在宅障害児者等・実態調査）」では，在宅の身体障害者は428.7万人，そのうち視覚障害者は31.2万人といわれている。しかし，これはわが国の身体障害者福祉法にもと

づく身体障害者手帳の発行数であり，基準に該当しない人や，何らかの理由で身体障害者手帳を取得していない人の数は，反映されていない。身体障害者手帳をもっていなくても，生活や就労が困難で，支援がいきとどいていない場合も少なくない。2018年7月には視覚障害の認定基準の改訂がなされており，このことによる変化は，今後の評価を待たなければならない。

　わが国の視覚障害の主原因は，多いものから緑内障，糖尿病網膜症，網膜色素変性症となっている（中江他，2006）。これらは現代の医療では完治の難しい疾患であり，切れ目のないサポートが必要である。年齢に注目してみると，推計で在宅の身体障害者のうち65歳以上が68.9％を占めている（厚生労働省，2018）。視覚障害の問題は高齢化の問題でもあり，視機能の問題だけではなく，心身機能全般の低下にも配慮が必要である。

2-2　視覚障害者の20の喪失と心理的な影響

　視覚障害者の心理的な影響にかかわる要因には，視覚障害に至る経緯やサポートの質，障害の進行への不安，日常生活や社会生活での生活ストレス，役割の喪失や取り残され感などからくる自己の否定的な認知などがある。さらには「障害者」へのスティグマや社会からの偏見，視覚障害とは関係のないストレス等，様々な要因が絡み合っている。

　キャロル（Carroll, 1961 樋口訳 1977）は，視覚障害者の喪失を分析し，**視覚障害の20の喪失を分類している**（表7-2-1）。視覚障害は視機能の障害や喪失だけではなく，そこから様々な喪失体験や傷つきを経験していることに留意すべきである。

　またロービジョンの状態は，社会的な認知の不十分さから，周囲に理解されにくい。詐病や見えないふりを疑われたり，「見えるけれど見えない」状態で，晴眼でも全盲でもない自分はいったい何なのかという混乱や，見えることへの遠慮，見えているから大丈夫なはずだと言われることも，傷つきの一端となる。

　就学や結婚，出産，就職や退職などのライフイベントによっても，影響を受ける。そのときどきのニーズに沿ったサポートが受けられることが必要である。

表7-2-1　視覚障害の20の喪失

心理的安定に関連する 基本的な喪失	1. 身体的な完全さの喪失 2. 残存感覚に対する自信の喪失 3. 環境との現実的な接触能力の喪失 4. 視覚的背景の喪失 5. 光の喪失
基礎的技術の喪失	6. 移動能力の喪失 7. 日常生活技術の喪失
意思伝達能力の喪失	8. 文書による意思伝達能力の喪失 9. 会話による意思伝達機能の喪失 10. 情報とその動きを知る力の喪失
鑑賞力の喪失	11. 楽しみを感じる力の喪失 12. 美の鑑賞力の喪失
職業，経済的安定に 関する喪失	13. レクリエーションの喪失 14. 経験，就職の機会の喪失 15. 経済的安定の喪失
結果として全人格に 生じる喪失	16. 独立心の喪失 17. 人並みの社会的存在であることの喪失 18. めだたない存在であることの喪失 19. 自己評価の喪失 20. 全人格構造の喪失

（出所）Carroll（1961 樋口訳 1977）

2-3　視覚障害者への心理社会的支援

　当事者を支えるうえでは，心理的側面に加え，社会参加を支援する様々な方策や経済的支援など，生活の再構築が重要である。そこで心理職に求められることは，心理アセスメントや面接，それにもとづく心理支援計画の策定はもちろん，生活に密着した情報提供やケースワークを行うことも含まれる。

　たとえば，障害者総合支援法のサービスを利用して支援を行うことができる。自立訓練（機能訓練）では，視覚の障害によって困難になった日常生活上の動作を訓練し，生活ストレスの軽減を目指す。就労移行支援では，音声ソフトを使用したパソコン操作やビジネスマナーを習得し，事務職種等への就職を目指す。また盲学校や就労移行支援（養成施設）では，伝統的な視覚障害者の生業の，あん摩マッサージ指圧師や，鍼師，灸師の理療系国家資格の取得を目

指し職業訓練を行っている。職業自立は視覚障害者の心理的適応にとってきわめて重要である。また，目的地への移動や外出先での手続きも支援する同行援護，家事などを支援する居宅介護，一般就労が困難な場合にサポートを受けながら仕事をする就労継続支援B型事業など，当事者のニーズに応じてサービスを考えていく。経済的には，障害年金や手当，各種助成制度が考慮される。これらの視覚障害者を対象とした福祉制度や事業所の情報は，専門機関以外での周知が不足していることも少なくない。そこで，医療・福祉・教育機関等の相互の連携を図るため，**スマートサイト**（視覚障害者への支援情報の提供を目的として，インターネット等で情報提供を行うサイト）の活用が各都道府県で取り組まれている。

　しかし，視覚障害者を対象とした社会資源は，十分に確保されているわけではない。2019年1月現在，ロービジョンケアに関する医科診療報酬は，ロービジョン検査判断料や遮光眼鏡の処方など一部を除いて，診療報酬化されていない。また，視覚障害を対象とした機能訓練や生活訓練，その他の施策にもとづく訓練事業を行う事業所は，都道府県に必ず設置されているわけではない。同行援護事業所や視覚障害者を対象とした指定特定相談支援事業所の不足など，社会資源が地域に存在しないことも多い。そのような場合には，上記スマートサイトの活用や，障害福祉の事業所，情報提供施設，教育機関など，横の連携を積極的に図っていく必要がある。これらの情報を，ただ制度の情報として提供するのではなく，その人の生活や苦悩をサポーティブな雰囲気の中で聞きながらニーズを共有していくことは，心理職に求められることの一つである。

　その意味では**援助者側の影響**にも注意が必要である。障害者が適応的な行動を示したり，生活への満足度が高いとしばしば「障害を受容した」と称される（本田・南雲・江端・渡辺，1994）。援助者の都合で障害を受け入れるよう働きかけたり，悩んでいることを克服すべき問題とみなしては，本末転倒である。

　中田（1995）について，発達に障害のある子の親の研究から，異常の発見から受容に至るプロセスを，障害の肯定と否定を繰り返しながら進む**螺旋形モデル**を提案した（第5章3節参照）。視覚障害の当事者も，ときに受け入れ，とき

に不安にかられる。その人なりの自己の構造を再構築するには，長い時間がかかる。視覚障害者の抑うつ感情には，障害を負ったことによる不安や悲哀などの正常な感情の働きと，慢性的な抑うつ状態で医療的ケアの必要な状態があり，その鑑別も必要である。心理職が提供する心理支援には状況に応じた様々な形があり，生活サポートを通して，当事者の苦悩に寄り添っていく態度が求められる。

3 聴覚障害児・者への心理支援

河﨑佳子

3-1 聴覚障害の様々な「きこえ」

聴覚障害は，聴覚感度の低下，もしくは聴覚的弁別力の低下が生じている障害をいう。前者は「きこえにくい」または「きこえない」状態，後者は「きき分けにくい」状態であり，どれくらいの大きさの音を感知できるかによって，軽度・中等度・高度・重度難聴などに分類される。

障害部位による分類としては，外耳から鼓膜までの音の振動を伝える範囲に原因がある難聴を**伝音性難聴**，鼓膜から聴神経を経て大脳皮質に達するまでの音を感じる範囲に原因がある難聴を**感音性難聴**と呼ぶ。伝音性難聴は機能的な問題で音が小さくきこえるが，補聴器の適切な使用によりきこえが改善しやすい。一方，感音性難聴は軽度からまったくきこえない状態までの幅があり，音がひずんだり，くぐもったり，途切れたりするため，補聴器によって音の存在を感知できたとしても，言葉を聴き分けて理解することは難しい。そのため，たとえ比較的軽い難聴や片方の耳だけに障害のある**一側性難聴**であっても，感音性難聴である場合，コミュニケーション上の支障は軽視できない。さらに，どういった高さの音や声がきこえにくいかによっても，体験に違いが生じてくる。また，日本語を第一言語として獲得した後の聴力低下を**中途失聴**と呼ぶ。

補聴器の効果は，聴力の程度や難聴の種類によって異なるだけでなく，装用後の調整や生活環境による違いも大きい。**人工内耳**の埋め込み手術は，補聴器の効果が得られない高度・重度の感音性難聴に適用され，最近は幼児期の施術

が増えている。音を電気信号として直接蝸牛神経に伝えるため，高度・重度の難聴者にも軽・中等度レベルの聴力をもたらすが，騒音下や離れた距離での会話，集団場面，反響のある場所などでは聴き取り能力が急激に低下する。補聴器や人工内耳でかなりの効果が得られたとしても，健聴者と同様のきこえになるわけではなく，また個人差も大きい点は，十分に理解しておく必要がある。

3-2　聴覚障害とコミュニケーション

　聴覚障害者のコミュニケーション手段は様々である。同じ聴力レベルであっても，失聴した時期，難聴の種類，養育や教育のあり方によって異なるコミュニケーション手段を用いる。きこえない人の誰もが手話を使うわけではなく，筆談のための日本語の読み書きの力も人によって異なる。高度・重度難聴者の中には，訓練によって一定の発声ができるようになった人や，文脈が共有された対面状況であれば，かなり読話のできる人もいる。中等度難聴者や中途失聴者の場合，発話は明瞭であっても，聴き取りが難しいため，筆談やパソコン活用が役立つ。一方，手話を生活言語とする家族の中で育った場合には，手話が第一言語（母語）となる。次項で述べるように，手話に触れることなく，**口話**（発声と読唇）のみによる教育で成長した聴覚障害者は，口話を主な手段としながら筆談を交えて会話するのが一般的だが，青年期以降に手話を習って，口話と手話を使ったコミュニケーションを好む人もいる。

3-3　聴覚障害者と手話──アイデンティティとの関連

　手話は独自の文法をもつ言語で，音声言語と同じく国や地域によって異なり，方言もある。日本で使われている手話言語は**日本手話**と呼ばれる。一方，日本語に合わせて表現する手話は**対応手話**（手指日本語）と呼ばれ，日本語を習得した後に手話を学んだ聴覚障害者や健聴者に使われている。

　日本手話を第一言語として獲得するためには，親や同居する祖父母等が手話を獲得した**ろう者**（ネイティヴサイナー）である以外は，乳幼児期から日本手話に触れて育つ機会の保障が必要である。しかし，戦前からずっと，手話を遠

ざけた口話教育が主流であったため，手話を第一言語として獲得した人は聴覚障害者の中でも少数派となってしまった。近年は，手話に対する社会的な認識の高まりとともに手話を導入し，ろう者に出会える機会を工夫した保育，訓練，教育を行う療育施設や聴覚支援学校も徐々に増えつつある。

　聴覚障害者のアイデンティティ形成に関する研究は，幼少期の手話獲得やろう者との交流が自己肯定感を育む重要な要因となることを示唆している。また，思春期以降に手話と出合った聴覚障害青年の報告は，目から自然に入ってくるコミュニケーション手段のもたらす心理的な余裕が自らの感情認知を促し，情緒的な体験と結びついた思考や内省を可能にすることを伝えてくれる。手話という映像言語の保障は，心理臨床においても非常に重要である。

3-4　聴覚障害者の心理的体験と支援

　健聴者が大多数を占める社会で成長し，日々生活している聴覚障害者にとって，この状況が及ぼす心理的，発達的な影響はとても大きい。健聴者にとっては息をするようにきこえてくる音や声を，聴覚障害者は必死で目で追い，読み取らなければならない。聴覚障害は外見からはわかりにくいが，健聴者には容易に想像できない心理的体験の詰まった障害である。

　健聴者に囲まれて育つ過程で，疎外感，孤独感，劣等感に苦しんできた聴覚障害者は多い。自分だけがわからないという状況は，人を不安にする。思春期以降に，不適応や問題行動，ときには精神科領域の疾患を呈することでようやく支援に辿りついた青年たちがいる。彼らは健聴家族の「茶の間」で味わった寂しさや，インテグレーション先の教室で取り残された辛さ，悔しさ，無力感を話してくれた。そうした聴覚障害者の苦悩は，コミュニケーションの壁という理由で，長い間心理臨床家からも省みられずにきた。聴覚支援学校へのスクールカウンセラーの配置が進む中，臨床心理学の専門性を生かした支援が望まれている。

　聴覚障害者と交流すると，彼らの研ぎ澄まされた「見る能力」に気づかされる。そして，個人差はあれ，思考や記憶の様式がとても映像的であることを知

る。聴覚障害者を赤ちゃんのときから「目で生きる」存在と認め，そのありのままを受け入れたやりとりで愛着形成を促し，対等なコミュニケーションと情報を保障する早期支援が，聴覚障害児の心理発達と心の健康を守るうえで重要である。さらに，見ることで100パーセント理解できる環境は，彼らの認知発達や人格形成でも大きな意味をもつ。残存聴力を生かした口話訓練や日本語学習も，手話のあふれる支援と並存することで，さらなる効果を示すだろう。

　「きこえにくい」と呼ばれる人々の心理的体験については，とくに理解を促したい。中等度難聴者は，補聴器を付けなければ会話の聴き取りが難しいにもかかわらず，**身体障害者手帳**（第5章3節を参照）の交付対象とされていない。これは，一定の条件下で音声言語を聴き分けることができる聴力（70 dB 未満）を有することで，日本語の獲得が可能と判断されるからである。軽・中等度難聴という障害が理解されにくいのは，健聴者と同様に話せることと，きこえるときがある点にある。だが，生活の中で「きこえないときがある」事実がもたらす困難は，もっと強調されなければならない。でなければ，「きこえていますね」「だいじょうぶですよ」と言われた軽・中等度難聴者は，自らが体験する失敗や困惑の意味を自覚できないままやりすごしてしまう。こうした曖昧な傷つき体験の蓄積が，軽・中等度難者の自己肯定感の低下や抑うつ感に絡んでいることは多い。

3-5　聴覚障害者との面接について

　聴覚障害者と口話で面接するときには，静かな環境で，表情や口元がはっきり見える対面場面をつくる。声の大きさよりも，むしろ口形で伝えるという意識をもって，目を見て話す。早口にならないことは大切だが，冗長にならず，適切な区切りとリズムをもって話すことを心がけたい。口話で伝わらないときは，筆談を厭わずに併用し，逆に，来談者の発声が聞き取れない場合には，率直にそのことを伝えて，筆談を依頼することが大切である。そして，誤解が生じていないかを確認する工夫もしたい。とくに，話せる聴覚障害者の場合，つい「きこえている」と勘違いしてしまうことをつねに意識しておくとよい。

　手話で話したいと希望する来談者については，**手話通訳**の導入を考える必要が出てくる。その際の通訳依頼をどのようにするかは，来談者本人が申請できるときもあれば，支援者側が通訳者を準備しなければならないときもある。その場合は，各自治体の福祉課等に手話通訳派遣の仕組みや手続きについて問い合わせてみることが肝要だろう。

　安心できるコミュニケーションの提供が，聴覚障害者支援の第一歩である。

❖考えてみよう
・重症心身障害児の生活のベースは各家庭にある。アセスメントの結果から考えられた支援内容は，重症心身障害児が暮らす日常生活を前提にしたものになっているだろうか。（杉村）
・障害受容という言葉が独り歩きしてよく使われる。相手にそれを求めるべきなのか，障害を持っている人の苦悩を受けとめる，いわば障害（者）受容はどうあるべきなのか，ぜひ考察を深めてほしい。（中津）
・聴覚障害が子どもの成長に及ぼす影響を複数の発達ラインでとらえるとき，心理的な健康を保つためにどのような支援が必要だろうか。（河﨑）

もっと深く，広く学びたい人への文献紹介

岡田　喜篤（監修）　新版　重症心身障害療育マニュアル　医師薬出版
　　☞重症心身障害児・者に関する歴史，特徴，支援内容，社会的資源など，この領域に関する内容が全般にわたって詳しく書かれている。（杉村）
河野　友信・若倉　雅登（編）（2003）．中途視覚障害者のストレスと心理臨床　銀海舎
　　☞視覚障害の心理臨床に関しての成書の一つである。中途視覚障害者の援助について，様々な職種や当事者の実例を交えて平易に記述している。（中津）
簗島　謙次・石田　みさ子（編）（2000）．ロービジョンケアマニュアル　南山堂
　　☞ロービジョンケアの視点から書かれた成書の一つ。心理臨床を支える上で押さえておかなければならない視機能の基礎的な知識から，訓練や補助具，各種情報までまとめられている。（中津）
村瀬　嘉代子・河﨑　佳子（編著）（2008）．聴覚障害者の心理臨床②　日本評論社
　　☞先天性の重度難聴者だけでなく，軽・中等度難聴者や中途失聴者との心理臨床的かかわりをとおして，コミュニケーションの本質を問いかける。（河﨑）

引用・参考文献

1節

松葉佐 正（2015）．重症心身障害の発生頻度と発生原因 岡田 喜篤（監修） 新版重症心身障害療育マニュアル（pp. 41-45） 医師薬出版

大島 一良（1971）．重症心身障害の基本的問題 公衆衛生，*35*，648-655.

2節

本田 哲三・南雲 直二・江端 広樹・渡辺 俊之（1994）．障害受容の概念をめぐって 総合リハビリテーション，*22*(10)，819-823.

厚生労働省（2018）．平成28年生活のしづらさなどに関する調査（全国在宅障害児者等・実態調査）

中江 公裕・増田 寛次郎・妹尾 正・小暮 文雄・澤 充・金井 淳・石橋 達郎（2006）．わが国における視覚障害の現状 厚生労働省難治性疾患克服研究事業 網脈絡膜視神経萎縮症に関する研究班 平成17年度研究報告書（pp. 263-267）

中田 洋二郎（1995）．親の障害の認識と受容に関する考察――受容の段階説と慢性的悲哀―― 早稲田心理学年報，*27*，83-92.

Carroll, T. J. (1961). *Blindness: What it is, What it does and how to live with it.* Boston: Little Brown and Company.

　（トーマス，J，キャロル．松本 征二（監修）樋口 正純（訳）(1977)．失明 社会福祉法人日本盲人福祉委員会）

3節

なし

第8章 高齢者の在宅支援と施設利用者の支援
——利用者と支援者を支えるしくみ

加藤伸司・北村世都

　本章では，高齢者福祉の概要を把握するために欠かせないものとして，老人福祉法と介護保険法を紹介し，高齢者の権利擁護のための成年後見制度や，ケアマネジメントにも言及する。具体的な支援に関しては，在宅高齢者とその家族に向けたもの，施設利用者に対するものに分けて述べる。また，高齢者福祉について考えるとき，人材不足や仕事観の変化などの介護現場の現状についても把握しておく必要があり，職員のメンタルヘルスも大きな課題である。最後に，高齢者施設における心理職の役割と課題に関して，介護予防と生活の質向上という目的に沿って，高齢者や家族・施設職員への支援について解説する。

（川畑　隆）

1　高齢者福祉の概要

加藤伸司

1-1　老人福祉法と介護保険法

老人福祉法

老人福祉法は高齢者の福祉に関する事柄を網羅する法律であり，高齢者の心身の健康の保持や生活の安定を目的として1963年に制定された。これは，高齢者の福祉に関する原理を明らかにするとともに，高齢者に対し，その心身の健康の保持および生活の安定のために必要な措置を講じることによって高齢者の福祉を図ることを目的としてつくられた法律である（第1条）。法の基本理念は，「老人は，多年にわたり社会の進展に寄与してきた者として，かつ，豊富

129

な知識と経験を有する者として敬愛されるとともに，生きがいを持てる健全で安らかな生活を保障されるものとする。」（第2条）とされている。

法で規定されている**老人福祉施設**とは，デイサービスセンター，短期入所施設，養護老人ホーム，特別養護老人ホーム（介護老人福祉施設），軽費老人ホーム，老人福祉センターおよび老人介護支援センターを指しており，**老人居宅生活支援事業**とは，老人居宅介護等事業，老人デイサービス事業および老人短期入所事業を指している。国や地方公共団体は，高齢者の福祉を増進する責務を有するとされており，老人福祉施設や支援事業の指導監督・助成や補助など，高齢者福祉の措置に関する具体的な施策を規定している。法施行から1970年代半ばまでは高齢者福祉施設の整備に重点が置かれていたが，その後は在宅福祉施策の充実が図られるように変わってきた。また1990年には一部が改正され，福祉サービスは都道府県からより住民の生活に身近な市町村において実施することを基本とする体制整備が行われた。

介護保険法

介護保険法は，介護保険に関する全般的な法律であり，介護が必要な高齢者を社会全体で支えることを目的として1997年に制定され，2000年に施行された。この背景には，急速な高齢化の進展や，認知症の高齢者が増加してきたことに加えて，核家族化により，家族の介護機能が低下し，高齢者の介護が社会的な問題となってきたことがある。

介護保険は40歳以上の国民から保険料を徴収する形で成り立っており，介護保険を受給できる人（被保険者）は，65歳以上の**第1号被保険者**と，40歳以上65歳未満の**第2号被保険者**である。第1号被保険者は，介護が必要となった原因を問わず，介護が必要と認定されればそれに応じてこの制度を利用することができるが，第2号被保険者が受給できるのは，筋萎縮性側索硬化症や，多系統萎縮症，初老期における認知症，糖尿病性腎症，脳血管疾患，パーキンソン病関連疾患，がん末期などの老化に関連する16の疾病（**特定疾病**）であり，交通事故等で要介護になってしまった場合には対象外となる。

高齢者福祉に関するその他の法律

　これらの法律以外にも，高齢者を支えることを目的とした法律がいくつかある。

　医療に関しては「高齢者の医療の確保に関する法律」，雇用に関しては「高年齢者等の雇用の安定等に関する法律（高年齢者雇用安定法）」，住まいに関しては「高齢者の居住の安定確保に関する法律（高齢者住まい法）」，年金に関しては「厚生年金保険法」と「国民年金法」，移動に関しては「高齢者・障害者等の移動等の円滑化の促進に関する法律（バリアフリー法）」，福祉用具に関しては，「福祉用具の研究開発及び普及の促進に関する法律」などがある。

　この他にも2006（平成18）年に施行された「高齢者虐待の防止，高齢者の養護者に対する支援等に関する法律（高齢者虐待防止法）」があるが，これは第9章4節で詳しく解説する。

1-2　高齢者の権利擁護（成年後見制度）

　高齢者を含む成人の権利を護る制度として考えられた成年後見制度は，2000（平成12）年に介護保険制度と同時に施行された。**成年後見制度**には，**任意後見**と**法定後見**の二つがある。任意後見制度は，将来判断能力が不十分となったときに備えるための制度で，本人の判断能力があるうちに，将来自らの判断能力が低下した場合に備え，任意後見人を選び，公正証書で任意後見契約を結んでおくものである。一方，より法的権限の強い法定後見制度は，すでに判断能力が不十分なときに申立てにより家庭裁判所によって選任された後見人等が本人に代わって財産や権利を護り，本人を法的に支援する制度である。法定後見は，「後見」「保佐」「補助」の3類型があり，類型により後見人等に与えられる権限や職務の範囲が異なる。また申立てできる人はいずれも本人，配偶者，四親等以内の親族，検察官，市町村長などとなっている。

　「後見」は，日常の買い物が不可能など判断能力がまったくない人を対象としており，後見人には，被後見人の財産管理や法律行為を代わりに行う代理権と，被後見人が行った法律行為を取り消すことができる取消権が与えられる。

「保佐」は，判断能力が著しく不十分な人を対象としており，「補助」は，判断能力が不十分な人を対象としている。保佐人および補助人には，被保佐人・被補助人が行う財産に関する重要な行為について，同意権，取消権が与えられるが，日用品の購入等，日常生活に関する行為に対する権限はない。

1-3 高齢者のためのケアシステム

厚生労働省では，団塊世代が75歳以上となる2025年をめどに，高齢者の尊厳の保持と自立生活の支援の目的のもとで，可能な限り住み慣れた地域で，自分らしい暮らしを人生の最期まで続けることができるよう，地域の包括的な支援・サービス提供体制（地域包括ケアシステム）の構築を推進している。**地域包括ケアシステム**は，保険者である市町村や都道府県が，地域の自主性や主体性にもとづき，地域の特性に応じて作り上げていくことが必要となる。地域包括ケアシステムの構築にとって重要なのが**地域包括支援センター**である。ここでは地域の高齢者の総合相談，権利擁護や地域の支援体制づくり，介護予防の必要な援助などを行い，高齢者の保健医療の向上および福祉の増進を包括的に支援することを目的とし，地域包括ケア実現に向けた中核的な機関として市町村が設置している。また地域包括ケアシステムを構築するためには，高齢者個人に対する支援の充実と，それを支える社会基盤の整備とを同時に進めることが重要であり，これを実現していく手法として「地域ケア会議」を推進している。

高齢者の生活を支えていくためには，医療と介護の連携は欠かせないものであり，地域における医療・介護の関係機関が連携して，包括的かつ継続的な在宅医療・介護の提供を行うことが必要となる。そのため厚生労働省では，関係機関が連携し，多職種協働により在宅医療・介護を一体的に提供できる体制を構築するための取り組みを推進している。さらに現在500万人を超えていると言われる認知症高齢者は，今後ますます増加することが見込まれており，認知症の人や介護家族を支える施策は重点的な課題でもある。

このため現在日本では，国家戦略であった認知症施策推進総合戦略（新オレ

ンジプラン）に代わって2019年6月に**認知症施策推進大綱**が発表された（厚生労働省，2019）。基本的な考え方としては，「認知症はだれもがなりうるものであり，家族や身近な人が認知症になることなどを含め，多くの人にとって身近なものとなっている。認知症の発症を遅らせ，認知症になっても希望を持って日常生活を過ごせる社会を目指し，認知症の人や家族の視点を重視しながら，「共生」と「予防」を車の両輪として施策を推進していく。」としている。こうした考えの下に，①普及啓発・本人発信支援，②予防，③医療・ケア・介護サービス・介護者への支援，④認知症バリアフリーの推進・若年性認知症の人への支援・社会参加支援，⑤研究開発・産業促進・国際展開の五つの柱に沿って施策を推進するとしている。とくにこの中では，これらの施策を全て認知症の人の視点に立って，認知症の人やその家族の意見を踏まえて推進することを基本とするとしている。

2　在宅支援と施設利用者支援

加藤伸司

2-1　在宅高齢者に対する支援

わが国では，65歳以上人口は3,500万人を超え，**高齢化率**は28％となっている（内閣府，2018）。また600万人を超える要介護認定者では，75歳以上の人が占める割合が多い。自宅の介護を望む人は70％以上であり，在宅高齢者に対する支援は重要な課題である。在宅支援の主なものには，相談，訪問サービス，通所サービス，ショートステイなどがあるが，地域の高齢者や家族の相談を担う機関としては，前節でも述べた**地域包括支援センター**が代表的である。ここには保健師・社会福祉士・主任介護支援専門員等が配置されており，3職種のチームアプローチによって支援が行われる。**総合相談事業**は，地域で生活する高齢者や家族のあらゆる相談にのる業務であり，介護に対する相談だけではなく，家庭内の人間関係の問題や，自分自身の将来の不安などが訴えられることもあり，このような意味で心理職による専門的な相談援助が望まれている。

介護が必要になった理由は「認知症」がトップであり（内閣府，2018），500

万人を超えると言われている認知症の人の約半数が在宅で生活していることを考えると，認知症の人や介護家族に対する支援は重要な課題である。認知症は早期発見と早期対応が重要であり，その役割を果たすのが**認知症初期集中支援チーム**である。施策としては「認知症の容態に応じた適時・適切な医療・介護等の提供」の早期診断・早期対応のための体制整備として位置づけられており，全国の市町村に設置されることとなっている。チームの構成員は，認知症サポート医１名以上と，「保健師，看護師，作業療法士，精神保健福祉士，介護福祉士」等の医療保健福祉に関する国家資格を有する者の合計３名以上で構成される。認知症初期集中支援チームは，もともとイギリスの仕組みを参考にしたものであり，本来は医師と看護師と心理職で構成される。認知症の早期診断や早期対応を考えるうえでは，今後心理職の役割が期待される部分でもある。

2-2　在宅介護家族に対する支援

　現在わが国では，介護が必要な人を，高齢配偶者が一人でケアしているケースが増えてきている。介護家族は，自分自身も高齢者であるために大きな介護負担があり，将来的な不安をかかえている人も多いため，家族に対する心理的支援が求められる。近年子どもの配偶者による介護は減ってきており，遠距離介護や，同居する独身の子どもによる介護が増えてきているなど介護の形は複雑化してきている。とくに親の介護のために仕事を辞めた子どもは，経済基盤を失い，年金などの親の収入をあてにしながら介護を提供するというような共依存が起こっている場合もあり，このような家族に対しては，心理的支援が必要になる場合も多い。

　家族介護者が，家族の問題は家族で解決するという思いが強すぎると，サービスの利用をためらったり社会から孤立したりしがちになり，しだいに閉塞した生活に陥っていくことになる。閉塞感が強まると，介護が原因でうつ状態に陥ることもあり，さらには虐待や無理心中が起こったりするなど悲惨な結果につながっていく場合が多いため，予兆を早めに察知し，適切に介入していくことが必要になってくる。

　介護負担の軽減を図るためには，デイサービスやデイケア，ショートステイなどの介護保険サービスの利用が有効であるが，家族支援は，たんに介護する家族に休息の時間を提供するだけにとどまらず，相談援助や認知症という病気に対する教育を含めた幅広い視点で考えていかなければならない。とくに心理職による支援に関してもっとも期待されるのが，相談援助や家族カウンセリングであろう。教育的支援では，認知症という病気の正しい理解と，認知症特有の症状に対する適切な対応法などを理解してもらうことが重要であり，そのことが結果的に認知症の人と家族介護者の生活の質の向上につながることを理解してもらうことが重要と言えるだろう。

　さらに近年増加傾向にある**高齢者虐待**の問題は深刻である。「高齢者虐待の防止，高齢者の養護者に対する支援等に関する法律（**高齢者虐待防止法**）」にもとづいて対応が行われるが，この法律では，高齢者虐待の防止と早期発見・早期対応を主眼にしており，法の名称にあるように，高齢者を養護する家族等への支援も施策の柱の一つにしているが，家族支援については十分な対応が行われていないのが現状である。虐待発生要因のトップは，「介護疲れや介護上のストレス」であるが，「虐待者の障害や疾病」「虐待者の性格や人格の問題」「虐待発生までの人間関係」など様々であり（厚生労働省，2019），これらに対する対処はただたんに介護負担の軽減を図ればよいというものではない。介護ストレスの軽減を含むより心理的な支援が必要な部分とも言えるだろう。

　また認知症の介護を担う家族は「陰の犠牲者」，あるいは「第二の患者」と呼ばれてきた。認知症の介護家族の半数以上にうつ状態が見られるという報告（Cohen & Eisdorfer, 1988）や，認知症の人の世話をする家族がうつ状態や不安症状などをもつ傾向があり，身体的にも不健康を強いられているのが現状である。現在自治体では家族に対する相談業務を行っているが，**認知症の人と家族の会**などに委託されている場合も多い。認知症の介護経験のある人によるピアサポートは重要であるが，心理職によるカウンセリングなどの専門的な支援が望まれる部分でもある。

2-3 施設利用者に対する支援

　高齢者福祉領域の代表的な施設としては，介護老人福祉施設（特別養護老人ホーム等）や，介護老人保健施設などがあるが，そこに心理職という職種はなく，多くは，「相談員」という立場で雇用されているのが現状である。高齢者福祉領域の利用者に対する支援の主なものとしては，高齢者に対する相談援助や心理療法的アプローチ，心理アセスメントの役割などが求められる。

相談援助

　相談援助では，カウンセリングの技術などが求められるが，対象者が高齢者であるという意味において，技術だけではなく，基本的な態度も身につけることが大切である。また，カウンセリングは定期的に時間を決めて面接室で行うということは現実的ではなく，多くの場合はベッドサイドでの面接ということになる。相談援助が必要な施設利用者は，家族との軋轢などで，孤独を感じている人や，他の利用者やスタッフとうまくかかわれない人などである。相談援助は，本人の希望というよりもスタッフからの依頼によることが一般的であり，心理職が1対1で利用者にかかわる時間を設けることの意義は大きい。また利用者が認知症の人である場合には，カウンセリングというよりも，個人回想法の形になることも多い。さらに高齢者福祉施設では，終末期の看取りを行うこともあり，人生の最期を迎える人に対する心理面接も重要な役割の一つである。

心理療法的アプローチ

　高齢者福祉施設では，集団で行うレクリエーションなどのほかに，心理職が行う心理療法的アプローチを期待されることもあり，**回想法やリアリティ・オリエンテーション**（RO）などを行うのが一般的である（第9章3節を参照）。またケアスタッフなどがアクティビティプログラムとして行う場合には，ケアスタッフに対する教育や指導が求められることもある。

心理アセスメント

　高齢者に対するアセスメントとしてもっとも多く求められるのは，簡便な認知機能のアセスメントである。実際には，**改訂長谷川式簡易知能評価スケール**（HDS-R），Mini-Mental State Examination（MMSE），**N式精神機能検査**

などが利用される（第9章1節を参照）。病院臨床においては，認知症の鑑別診断の補助や認知機能障害の程度のアセスメントを行うことが多いが，高齢者福祉領域では，ケアに役立つ情報を得るために用いられるべきである。したがって，アセスメント結果のレポートは，認知機能の低下が日常生活のどのような部分に影響を与えるのかなど，ケアスタッフにわかりやすい表現でまとめる技術が求められる。

利用者の家族に対する支援

高齢者福祉施設を利用する家族は，利用するに至るまでに様々な問題を抱えていることが多い。入居までに関係性がこじれている家族は，面会頻度が低く，施設を訪れても相談を求めてくることはまれである。そのような家族に対してできる支援は限られてくるが，家族の関係性の修復に対する介入も心理職ならではの役割と言えるだろう。また施設入居という選択に罪悪感をもっている家族に対しては，その罪悪感の軽減に向けたアプローチが必要になってくる。

3　介護職場の現状

北村世都

3-1　介護人材の不足

少子高齢化による介護ニーズの高まり

少子高齢化によって，我が国は2005年からすでに総人口が減少に転じており，とくに労働人口が急速に減少している（国立社会保障・人口問題研究所，2017）。その一方で，高齢者の人口は，団塊世代が後期高齢者となる2025年以降も高い水準で減少せずに推移する。そのため，少なくなった労働者の中から，介護が必要な高齢者を支える介護人材をいかに確保できるかが大きな課題となっている。

介護人材不足の現状

すでに介護現場では，年々，介護職員不足や採用難に危機感を強めており，2018年の調査（介護労働安定センター，2019）では，訪問介護員で約8割，介護職員で約7割の施設・事業所に介護人材の不足感があり，過去最高となった。

とくにこの傾向は都心部で強く，施設の入所定員に余裕があっても，介護人材が基準人数まで採用できないために，入居してもらうことができない状況が生まれている。

　慢性的な介護人材の不足は，働く介護職員の負担増を招き，労働環境がいっそう悪化することでさらに採用難となる，という悪循環を招く。また介護職員にとっての労働環境は，高齢者にとっては生活環境であることから，その悪化はケアそのものの質の低下といえる。不適切なケアはやがて**施設での虐待**につながることが示されている（第9章4節参照）。質のよいケアを提供するためにも，介護人材の不足の解消が不可欠である。

介護人材の採用・定着のための施策

　介護人材不足の要因の一つと考えられている待遇や労働条件の悪さに対して，施策が講じられている。たとえば資格取得の支援や介護の魅力の発信，離職した有資格者の復職支援，キャリアパスの整備に加えて，処遇が改善されるよう，一定の条件を満たした施設・事業所には介護職員の給与を増額するための加算をつけるようにしている。さらには，ライフスタイルに応じた介護の仕事の継続支援や，身体的負担の軽減を目指して**介護ロボット**や**ICT**（情報通信技術）**の活用**を推進している。このような施策を反映し，2019年度現在，介護人材の定着率や給与は徐々に改善されつつある。

3-2　介護の目的と方法

尊厳の保持と自立支援

　現在，介護保険制度のもとで多くの施設・事業所が運営されている。介護保険法第1条では，介護を必要とする人が「尊厳を保持し，その有する能力に応じ自立した日常生活を営むことができるよう」に介護保険法が定められたことが示されており，介護保険の理念が，**尊厳の保持**や**自立支援**にあることがわかる。そのため，介護保険制度のもとで運営される高齢者の施設・事業所では，利用者の尊厳が尊重され，たとえ障害があっても自己決定，意思決定ができるように，また個々の高齢者の有する能力を評価し，自立した日常生活を送るこ

とができるように，**ケアマネジメント**にもとづいてケアが提供されている。

ケアマネジメントの実際

介護保険を利用してサービスを受ける際には，サービスを利用したい高齢者自身が申請者となって，**要介護認定**を受け，介護の必要度について全国共通の基準で要介護度を判定してもらう必要がある。そのうえで，通常は利用者ごとに**介護支援専門員**（ケアマネジャー）がついて，利用者や家族の相談にのり，必要なケアプランを作り，プランにもとづいてサービスが提供され，その後も継続的に状況を**モニタリング**していく。こうしたケアマネジメントは，介護支援専門員だけでおこなえるものではない。サービスを実際に提供している介護職員や訪問介護員，その他現場の医療職や福祉職，あるいは家族が日々の細かな利用者の変化に気づき，日夜ケアの方法を工夫しながら支援している。そのため介護支援専門員は多くの関係者と情報を共有し，アセスメントやプランの立案，モニタリングに努めなければならない。

3-3　地域包括ケアシステムにおける介護職場

地域密着型サービス

要介護者の心身の状況が変化してゆくたびに，生活の継続性が絶たれ，なじみのない病院や施設を転々とするような高齢期の過ごし方は，望ましいものとはいえない。とくに認知症のある高齢者では，環境の大きな変化は症状の悪化にもつながる。現在，日本では**地域包括ケアシステム**を整備することを目指しており，介護保険制度も制度ができて以降，少しずつ改正されている。

2006年からは**地域密着型サービス**（規模が小さく，その地域特性に合わせた柔軟なサービスを提供できることが特徴）が，介護保険の介護サービスとしてあらたに誕生した。**小規模多機能型居宅介護**もその一つであり，事業所に宿泊するサービスも，通いによるサービスも，また必要に応じて自宅への訪問も，一体的に一つの事業所で提供できるという特徴を持っていることから，地域包括ケアシステムの「切り札」とも言われるサービスである。利用者はそれまで，短期入所生活介護，通所介護，訪問介護の三つの異なる事業所から，宿泊，通い，

訪問の各サービスを，別々に受けるしかなかった。しかし小規模多機能型居宅介護では，日々通っている事業所の顔なじみの職員が自宅でのケアのために訪問してくれたり，また普段から通いなれている事業所に，そのまま宿泊できたりするため，利用者にとっての安心感が大きい。加えて，介護支援専門員が事業所の中に配置されていることや，介護職員が利用者の生活全体にかかわる機会があることは，ケアの質の点でも大きなメリットとなる。つまり，同じ事業所内で利用者の日中，夜間，在宅のそれぞれの生活を支援するので，職員間の情報共有も進みやすく，利用者の生活全体を視野に入れた，きめ細かな支援を行うことができるからである。

介護の仕事の変化

この小規模多機能型居宅介護をはじめとして地域包括ケアシステムの構築が進められている現状では，介護の現場は変化を求められている。

まず，介護の仕事観が大きく変わりつつある。古くは，介護の仕事といえば排泄・食事・入浴を支援する，いわゆる三大介助のイメージが強く，施設では介護職員が，在宅では訪問介護員が，それぞれ独立して担ってきた。そして高齢者施設では，三大介助の技術向上は，業務の効率化をめざした安全とスピードが重視されたものになりやすく，在宅での三大介助は専門性がなくてもできるものと考えられがちであった。介護の仕事に対するこのようなイメージはまだ一般的には強いのかもしれない。

しかし，地域包括支援システムのもとでは，本人の尊厳を尊重して「利用者自身がどのような生活を送りたいのか」という自己決定を中心に据えた自立支援を行うこととされている。施設，在宅によらず利用者の身体機能や生活への意向，生活習慣，家族関係などを踏まえて支援を行うことが，求められるようになっている。このように地域に介護が開かれた今，高齢者の支援は，たんなる三大介助を効率的に行うことではなく，利用者の様子の変化をアセスメントしながら，利用者の生活の質の向上をめざすものへと，変化しているのである。

介護職場の変化と介護職員のストレス

仕事が変化すれば，職場も変化する。そもそも，人と人とがより密接にかか

わる介護職場では，そこで働く人の**メンタルヘルス**は大きな課題とされ，**バーンアウト**や**感情労働**，**共感疲労**などの点から問題が指摘されてきた。はじめは高齢者とのコミュニケーションが好きで介護職員になったという人も，バーンアウトした結果，**脱人格化**してしまうと，業務優先で，効率重視の三大介助を行う古い介護観を当然のものとして受け入れてしまう。そのような職員にとってみると，地域にひらかれた新しい介護観は受け入れがたいかもしれない。効率から考えると，利用者とのコミュニケーションよりも手早く介助を終わらせることが望まれることであり，古い介護観ではそれがよい介護と思ってきたわけであるから，コミュニケーションはむしろ苦手な介護職員もいるかもしれない。一方，利用者とのコミュニケーションが好きで，高齢者支援の仕事に就いた職員も少なくない。新しい介護観のもとでは利用者とコミュニケーションをとることに技術をもった職員が望ましいのだが，これらの職員が効率重視の施設で効率重視の業務を求められると，葛藤を覚えて負担になる。

　このように介護観が変化したことによって，介護職員には，従来とは異なる，あらたなコンピテンシー[1]が求められるようになっているが，その変化に介護職員や施設・事業所が，必ずしも十分に対応できているわけではない。その結果生まれる，介護職員と施設・事業所との介護観や理念の違いが介護職員の負担を大きくしている現状がある。しかし，地域包括ケアシステムの理念のもとで，利用者一人ひとりとコミュニケーションをとりながら，生活を支援してゆく高齢者支援や介護の仕事に，大きな魅力を感じる人は多い。介護の否定的な側面ばかりを強調するのではなく，高齢者支援の魅力を発信することも，介護人材の不足や，**エイジズム**[2]の解消に有効であると考えられる。

→ **1**　コンピテンシー：優れた成果を上げる人の持つ能力や行動特性のこと。
→ **2**　エイジズム：年齢を理由にした根拠のない偏見やステレオタイプ，差別のこと。一般には高齢者に対するものをさす。

4 高齢者施設における心理職の役割と課題

北村世都

4-1 高齢者施設における高齢者への支援

支援の目的

高齢者施設の入所者は，**加齢**の影響で支援が必要となった人々である。加齢は，誰にでも訪れる生理的現象であり，それを完全に回避することは不可能である。そのため医療機関の入院患者のように，いつか症状がなくなって，元の生活に戻ることが支援の目標となることは少ない。加齢は病気ではないので，それを完全に排除することを目指すのではなく，加齢の影響を最小限に抑えながら，尊厳を保ち，充実，安定した生活を送ることが高齢者施設では目指されている。

高齢者施設では主に二つの目的で様々な支援が行われている。一つは，加齢の影響を最小限に抑えるための**介護予防**である。加齢による心身の機能低下によって心身の脆弱性が顕著になってきた状態を**フレイル**という。この状態が長く続くと，高齢者は回復不可能なほどに，慢性的な疾患が悪化したり，加齢による機能低下の影響が強く出たりする。しかし深刻な加齢による影響が表面化する前の，フレイルの段階で，再び高齢者の心身を活性化することができれば，生活機能の維持向上を図ることができる。そのため，高齢者施設では心身の活性化のためのレクリエーションや機能訓練などの介護予防が行われている。

高齢者施設におけるもう一つの支援の目的は，加齢の影響があっても，高齢者が尊厳を維持しながら，人生に，より満足した状態で，自分らしく生活を送ることができるようにすることである。加齢は，予防によってある程度はその影響を抑えることはできても，完全に回避することはできない。そのため加齢によって心身機能が低下したとしても，高齢者が自分の人生や生活に尊厳を持つことができる生活環境を整備し，生活支援を行う。

支援にかかわる専門職の役割

先述した二つの目的のために，高齢者施設では，多くの専門職が働いている。

入所者への介護を主に担う**介護職員**は，6割以上が国家資格である介護福祉士の資格を持っている。看護師や理学療法士，言語聴覚士などの国家資格を持つ専門職が，施設の中で**機能訓練指導員**として，入所者の介護予防にむけてアセスメントや介入を行っている。一方，入所者の生活上の相談にのる職種として**生活相談員**がいる。さらに，入所者が介護保険制度のもとでの介護を受けるために，ケアの計画を立てる**介護支援専門員**は，入居者のケアのニーズをアセスメントして適切に介護が行われているのかをモニタリングする役割を担っている。

　このように高齢者施設で働く職員の多くが，国家資格などの専門性をもつ専門職であり，その教育課程には高齢者の心理に関する知識が含まれている。つまり高齢者施設において心理的支援は不可欠であり，実際に行われているものの，心理学を専門とした心理職が，「心理職」という役職で働いていることは，まだ少ないのが現状である。

4-2　高齢者施設における心理職の役割

高齢者への支援

　介護予防と尊厳の維持という高齢者支援の二つの目的は，心理職にもそのまま当てはまる。つまり心理職は心理学を基礎学問として，高齢者の介護予防と生活の質向上に向けた支援をすることが責務となる。

　介護予防では，機能訓練に向けた動機づけの支援が大きな課題である。施設で閉塞的な生活が続くと，当初は活動的であった高齢者が，活力も希望も失ってしまうことがある。このような状況では，機能訓練はもちろん，レクリエーションなどの人とかかわること自体に意欲をなくしてしまい，ますます**廃用症候群**[3]が進んでしまう。このような状況は，**学習性無気力**[4]と考えることができるだろう。そのため生活への意欲を高める**動機づけ面接**の技法や，行動変容しや

➡ 3　廃用症候群：不活発な状態が続くことが原因となって，全身に生じる機能障害の総称。高齢者では，短期間の安静や，体の痛みなどによって廃用症候群に陥りやすいため，不要な安静を避けることが重要とされる。

すくするための工夫として，**スモールステップ**[5]のアプローチが活用できる。

　生活の質の向上では，**高齢者の知覚・認知機能**をふまえた，かかわり方や環境整備を進めることができる。たとえば，高齢者とのコミュニケーションにおいて高齢者の注意機能の低下の性質をふまえて，注意を阻害するような余計な情報を排除するために，静かなところで必要なことを伝えたり，コントラストを目立たせたわかりやすい表示の仕方を工夫したりすることができる。また，生活の質の向上の重要な要素に，情動の安定がある。高齢期には**喪失**にともなうライフイベントがおきやすい。配偶者の死をきっかけに，自分の生きてきた人生そのものを嘆いて抑うつ状態となる高齢者や，転倒による入院をきっかけに，施設に戻っても以前のような明るさが消えて，閉じこもりがちになって衰弱してしまう高齢者もいる。このような**悲嘆過程**の理解と，**グリーフ・ケア**の知識・技術が必要になる。また同時に，エリクソン（Erikson, E. H.）がいう高齢期の発達課題である「統合」をめざした介入が必要とされることも多い。たとえば，高齢者個人との会話の中で，亡くなった配偶者に対する種々の認知や感情が語られ，自分の人生が何だったのかと再考してゆくことがある。そのため心理職が，高齢者の認知や感情について傾聴しながら，人生への新しい意味づけを見出すことができるよう**認知行動的アプローチ**による支援を行ったり，**回想法**を通して統合を図ったり，あるいは芸術活動を取り入れたレクリエーションの中で，高齢者が感情を昇華させたりすることを支援する。

　このような支援のためには，個別の心理面接のための技術のみならず，グループ活動の**ファシリテーション**[6]の技術が必要である。

➡ 4　学習性無気力：長期にわたって，ストレスを回避することが難しい状況に置かれると，どうにもならないという無気力を学習してしまい，ストレス状況から逃れようとする努力をしなくなる現象のこと。

➡ 5　スモールステップ：人が学習する際に，目標を細分化し，小さな目標を何度も達成する体験を積み重ねることで，最終目標に近づいていくこと。学習の挫折や失敗を少なくするための，学習方法のひとつ。

認知症高齢者への支援

①認知機能アセスメント

　認知症は，いったん発達した認知機能が脳の器質的異常にともなって低下する疾患であり，高齢になるとそのリスクは高くなる。認知症を患っている高齢者も施設は多く入所している。

　認知症ケアは多職種によってすでに行われているが，認知症の一次障害は認知機能の低下であり，心理職は認知症高齢者に対して二つの大きな役割を担うことができる。まず**認知機能アセスメント**を実施し，それをもとに生活支援と心理支援の方法を示すことである。従来，病院等で用いられる認知症の高齢者に対するアセスメントは，神経心理アセスメントによって脳の病巣や障害の場所を特定して診断をより確かなものにしたり，認知症スクリーニングテストを用いて認知症の簡易的な判別をしたりする目的で用いられることが多い。これらの検査ツールを用いたアセスメントは，検査を通して診断をつけるという明確な目的のもと，その**心理的侵襲性**[7]を超えた有用性が見いだされる場合に実施される。しかし施設におけるアセスメントの目的は，生活支援や心理支援のためである。生活支援や心理支援に役立たない検査ツールの乱用は，むしろ入所者の生活の質を低下させてしまうこともある。そのため検査ツールを用いる前に詳細な観察によるアセスメントを優先し，検査ツールを用いなければならない場合には，その目的と有用性を明確にして必要最低限の利用とすることを心がける。

　アセスメントの結果は，それが今後の生活支援や心理支援に役立つものとなるような報告書として他の職種にも活用されるように記載する。単に，○○記

➡ **6**　ファシリテーション：ミーティングなど複数の人が集まる場において，話題を整理したり，人々の積極的な発言や参加を促したりして，参加者の合意形成や相互理解をすすめ，集団の活性化や参加者相互の協働を引き出すリーダーの働きかけのこと。

➡ **7**　心理的侵襲性：心理検査をはじめとした人への介入について，その介入によって介入された人に生じる心理的に不利益や障害が生じる可能性のこと。検査の実施によって，心理的に不快になったり不安になったりすることが予想される検査は，心理的侵襲性の高い検査といえる。

憶の低下，○○能力の障害，などと記載するにとどまらず，それが生活の中で
どのような失敗を招きやすいのか，どのようにしたら失敗を回避できる可能性
があるのかを具体的に提案できることが必要である。そのためにも，認知症が
もたらす生活障害についての知識を増やすとともに，個々の認知症の人の生活
の様子を日頃から観察して把握しておくことが重要である。

②認知症高齢者とのコミュニケーション

　認知機能の低下によって，認知症の高齢者は自分のニーズを明確に表出する
ことばかりではなく，周囲の人や環境からの働きかけに対しても適切に把握す
ることが難しくなる。このようなコミュニケーション障害をもつ認知症高齢者
について，認知症の影響をふまえて高齢者のニーズ，認知や感情などを把握す
ること，そして支援者の伝えたいことをより正確に伝えることは，認知症ケア
の基本である。とくに施設は高齢者にとって生活の場であることから，円滑な
コミュニケーションが担保されることが，高齢者の生活の質の向上につながる。

　高齢者施設ではたらく心理職は，認知症がもたらすコミュニケーション障害
の特性をふまえて，認知症高齢者と円滑なコミュニケーションをとるための技
術と知識を持つことが不可欠である。認知症ケアには，心理学者から発信した
パーソン・センタード・ケア[8]以外にも，バリデーション[9]，ユマニチュード[10]など
のように，心理学以外の領域で発展してきたケア方法がいくつかある。しかし

➡ 8　パーソン・センタード・ケア：社会心理学者のキットウッド（Kitwood, T.）に
　　　よって提唱された，来談者中心療法に由来する認知症ケアの方法のひとつ。認知症
　　　高齢者を理解するうえで，病気の部分や異常さに着目するのではなく，人としての
　　　尊厳（Personhood）を中心に据えることの重要性を説いた。また認知症ケアの職
　　　場環境等から，支援者側に生じやすい誤ったかかわり方について，社会心理学の点
　　　から「悪性の社会心理」として整理した。
➡ 9　バリデーション：ソーシャルワーカーのフェイル（Feil, N.）が，見当識障害を
　　　持つ高齢者の支援事例を通して，その臨床知から見当識障害を持つ高齢者が持って
　　　いる欲求を11にまとめ，その欲求を満たす15の技法としてまとめた認知症ケアの方
　　　法のひとつ。
➡10　ユマニチュード：体育教師だったジネストとマレスコッティによって提唱された，
　　　認知症ケアの技法体系。見る，話す，触れる，立つ，をユマニチュードの四つの柱
　　　と位置づけ，認知症高齢者に対して，「人間らしさ（ユマニチュード）」を伝え続け
　　　るための具体的技法がまとめられている。

すべてのケアにおいて認知症高齢者の経験や体験にそった支援の重要性が指摘されており，本来，心理学の知識がより根拠をもって示され活用されるべき支援領域であると考えられる。認知症支援のための心理学理論や技法の発展が望まれる。

家族・施設職員への心理的支援

①家族支援

高齢者にとって施設入所は，生活の場を施設に移すだけであって，本来，家族との関係自体が切れてしまうわけではない。施設入所後も入所者がそれ以前の家族とのつながりを維持できるようにすることが望まれる。

多くの入所者家族にとって，入所者との歴史は長い。家族関係の歴史は長く，様々な要因が重なって現在の家族関係が形成されているので，家族の関係を変えようとしたり，長年のわだかまりや葛藤を解消したりしようとすることは，必ずしもよい結果をもたらさない。

高齢者施設における家族支援は，家族と入所者双方のニーズを踏まえつつも，入所者の生活支援を優先し，家族が高齢者の生活支援の協力者となれる場合にはそれを進める一方で，家族が高齢者の尊厳を傷つけるような場合には入所者の権利擁護を優先することが必要になる。

家族が入所者とよい関係を作ることだけを目指すのではなく，入居者やその家族がそれぞれに後悔の少ない選択をしてゆくことができるよう，家族の相談に乗ることが家族支援の目標になるといえるだろう。

②施設職員への支援

高齢者施設における支援はゴールや達成度が見えにくい。どれほどよい支援をしても，高齢者は加齢の影響を免れることはできない。その意味において，施設職員にとっては成果が見えにくい仕事である。また，施設が地域や社会から隔絶されていればいるほど，人間関係が施設の中で閉塞し，入所者との関係が悪化しやすくなる。さらには，障害や加齢の影響で，心理的に不安定になっている入所者からは，仕事とはいえ理不尽な要求をつきつけられたり，罵倒されたりすることも少なからずある。こうした状況で職員の負担が大きくなった

まま放置されていると，ケアの質の低下を招くばかりではなく，やがて職員による虐待につながってしまうこともある。

　このような職場環境の中で，職員が良好なメンタルヘルスを保つためには，支援チームがその機能を発揮して互いに助け合える関係を作り，やりがいを確認しながら働いてゆけることが望ましい。業務量を調整するなどして施設職員のバーンアウト[11]を防ぐだけではなく，ワーク・エンゲイジメント[12]を高めるよう，組織に働きかけることで，職場メンタルヘルスを維持向上させることも心理職の重要な仕事の一つである。そのためにも，産業領域の心理支援，リーダーシップ論や組織論についての知識が必要である。

❖考えてみよう

・新オレンジプランでは，当事者と家族の視点が重視されているが，その視点を心理職としてどのようにサポートできるのか，考えてみよう。（加藤）
・多職種協働で高齢者支援にあたるときに，心理職がどのような役割を発揮できるのかについて考えてみよう。（加藤）
・あなたが持つ「介護」のイメージはどのようなものだろうか。現在の新しい介護観を調べて，何が違うのかを考えてみよう。（北村）
・高齢者施設において，これまで心理職が活躍できる場は少なかったのはなぜだろうか。その理由をふまえて，今後心理職が，高齢者施設で働くうえで留意すべきことを考えてみよう。（北村）

 もっと深く，広く学びたい人への文献紹介

　田中　滋（監修）（2014）．地域包括ケア　サクセスガイド──地域力を高めて高齢者の在宅生活を支える──　メディカ出版

➡11　バーンアウト：主に仕事への過剰な従事，没頭や集中の結果として生じる，心理的に燃え尽き，仕事への意欲が湧かなくなる状態のこと。対人援助職で生じやすく，脱人格化，情緒的消耗感，個人的達成感の低下の3因子が想定されることが多い。

➡12　ワーク・エンゲイジメント：仕事に対して，高い意欲を持ち，やりがいや張り合いを感じながら，ポジティブに仕事に従事している状態のこと。活力，熱意，没頭の3因子が想定されている。活動水準は高くても仕事に対してネガティブな態度や認知を持つワーカホリックや，活動水準が低く仕事にネガティブな態度・認知となるバーンアウト，また仕事にポジティブな態度・認知でも活動水準の低いリラックスなどと区別される。

☞地域包括ケアシステムの概略をつかむために最適な入門書。心理職が必ずしも得意としていない地域での支援の必要性や，連携の具体的方法などが豊富な図解とともにわかりやすく解説されている。（北村）

小野寺 敦志（編著）（2018）．介護現場のストレスマネジメント――組織のラインケアによるスタッフへの支援――　第一法規
☞介護の現場の特性を踏まえた職場メンタルヘルスの考え方，メンタルヘルス不調者に対するかかわり方などが，ストーリー仕立てでわかりやすく解説されている。（北村）

黒川 由紀子・扇澤 史子（編）（2018）．認知症の心理アセスメント はじめの一歩　医学書院
☞心理職による，認知症の人の心理アセスメントから支援への導き方が丁寧に解説され，実際に高齢者支援の現場で役立つ1冊。（北村）

引用・参考文献
1節
厚生労働省（2019）．認知症施策推進大綱について　https://www.mhlw.go.jp/stf/seisakunitsuite/bunya/0000076236_00002.html（2020年1月17日閲覧）

2節
Cohen, D., & Eisdorfer, C. (1988). Depression in family members caring for a relative with Alzheimer's disease. *Journal of the American Geriatrics Society*, *36*, 885-889.

厚生労働省（2019）．平成30年度「高齢者虐待の防止，高齢者の養護者に対する支援等に関する法律」に基づく対応状況等に関する調査結果　https://www.mhlw.go.jp/stf/houdou/0000196989_00002.html（2020年1月17日閲覧）

内閣府（2018）．平成30年版高齢社会白書　https://www8.cao.go.jp/kourei/whitepaper/w-2018/zenbun/30pdf_index.html（2020年1月17日閲覧）

3節
国立社会保障・人口問題研究所（2017）．日本の将来推計人口（平成29年推計）

公益財団法人介護労働安定センター（2019）．平成30年度介護労働実態調査 介護労働者の就業実態と就業意識調査 結果報告書

公益財団法人介護労働安定センター（2019）．平成30年度介護労働実態調査 事業所における介護労働実態調査 結果報告書

4節
なし

第9章　高齢者心理へのアプローチの実際
——よりよきアセスメントとケアに向けて

大 庭　　輝・加 藤 伸 司・奥 村 由美子

> 　第8章4節を受け，本章では，高齢者心理へのアプローチの実際に焦点を当てる。まず，認知症等のアセスメントに関して，用いられる手法，用いる者の留意点や姿勢について述べたあと，それにもとづいたトータルケアについて，歴史をふり返りながら今後求められるパーソンセンタードなケア等を解説する。次に，薬物を用いない回想法等の心理療法の意義を述べ，認知症高齢者のグループ回想法の実践を紹介する。最後に高齢者虐待防止に関して，その5類型の内容と実態の推移をみたあと，家族によるものと施設・事業所の職員等によるものとに分け，防止に向けた課題について述べる。　　　　　　　（川畑　隆）

1　認知症等のアセスメントの実際

大庭　輝

　認知症の人の支援を考えるうえで，アセスメント（機能評価）により得られた情報は必要不可欠である。認知症と一言で言っても，障害されている機能やその程度は人それぞれ異なるため，適切なアセスメントにもとづかない支援を行うことは認知症の人の生活を混乱に陥らせてしまいかねない。本節では，認知症等のアセスメントに用いられている手法について紹介するとともに，アセスメント実施時の留意点，アセスメントを活用するために必要な姿勢についても取り上げる。

1-1　アセスメントの手法

テスト形式による評価

　テスト形式による評価では，様々な検査課題を実施し，その結果をもとに認知機能を評価する。よく用いられるものとして**スクリーニング検査**がある。スクリーニングとはふるい分けることを意味し，検査結果からは，どのような認知機能に障害があるのか，認知症の疑いがあるかどうかを“大まかに”推測することができる。代表的なスクリーニング検査には，改訂長谷川式簡易知能評価スケール（HDS-R）や Mini-Mental State Examination（MMSE）がある。HDS-R と MMSE は10分程度で施行できる簡便な検査である。いずれも30点満点で，得点が高いほど認知機能が良好であることを示す。認知症の疑いがあるかどうかを判断するための基準点（**カットオフポイント**）も設定されており，HDS-R は20/21点を基準とした場合に認知症高齢者の90％が20点以下を，健常高齢者の82％が21点以上を示し，MMSE は23/24点を基準とした場合に認知症高齢者の86％が23点以下を，健常高齢者の89％が24点以上を示したことが報告されている（加藤他，1991；杉下・逸見・竹内，2016）。このようにカットオフポイントは指標の一つとして有用だが，基準点を下回ることがすぐさま認知症であることを示しているわけではないことに注意が必要である。

　スクリーニング検査のほかには，**多機能検査**や**局所症状検査**がある（扇澤，2018）。多機能検査は，スクリーニング検査よりも多様な課題を用いることにより認知機能の個人内のばらつきを測定することができ，局所症状検査は記憶や言語など，特定の機能をより詳細に評価する目的で用いられる。多機能検査や局所症状検査はスクリーニング検査で認知症の疑いがあると判定された高齢者の能力を精査するために有用である一方，課題の複雑さが増すことで検査を受ける高齢者の負担感が大きくなるため実施時には配慮が必要となる。

行動観察による評価

　テスト形式による評価は基本的に課題への回答にもとづいて能力を評価するため客観的な評価が可能である。しかしながら，言語や視覚機能を必要とする課題が多く，これらの機能障害が強い人に対しては適切な評価が難しいことも

ある。そのような場合には行動観察による評価が有効である。

　行動観察による評価では，日常生活上で見られる行動の特徴から障害されている認知機能を推測する。たとえば，同じことを繰り返し尋ねてきたり，約束を忘れてしまったりするような場合は記憶に問題がある可能性が推測されるし，こちらが何かを尋ねても見当違いの返答が頻繁に返ってくるようであれば言語の理解に問題がある可能性が推測される。行動観察の結果を定量的に評価するための尺度も開発されており，代表的なものではN式老年者用精神状態尺度（NMスケール）や，臨床認知症評価尺度（Clinical Dementia Rating：CDR）などがある。行動観察による評価は，テスト形式による評価に比べて時間や場所を選ばず，日常生活の中で評価するために支援方針が立てやすいという利点があるものの，観察者の知識や経験の差によって評価のばらつきが大きいという欠点もある。

1-2　アセスメントの留意点

脳の仕組みについての理解を深めること

　認知症は多様な原因疾患により認知機能に障害をきたした状態である。福祉におけるアセスメントの目的は，検査課題への回答や生活の中で観察される行動から，認知機能のどのような側面に障害があるのかを推測し，どのような工夫をすれば障害があっても日常生活が過ごしやすくなるかを提案することにある。そのためには脳の仕組みに関する理解が欠かせない。

　脳は，たとえば側頭葉の内側部にある海馬が記憶をつかさどるというように，領域ごとに異なる機能を担っている。一方，脳の領域と機能の対応は症状の水準によって変化し，視覚や聴覚，運動といった**一次領野**の損傷では密接に関連するが，言語や認知など高次の機能をつかさどる**連合野**の損傷では不規則性が現れてくる（山鳥，1985）。つまり，適切なアセスメントのためには特定の脳の領域と症状の対応を理解するだけでは不十分であり，検査や観察を通して把握された症状が脳の領域間でどのように結びついているかを考察することが求められる。

信頼関係に配慮すること

アセスメントの実施に際しては高齢者との**信頼関係**への影響をつねに考えなくてはならない。これは，テスト形式による評価を行う際にとくに重要となる。なぜなら，多くのテスト形式による認知症の評価は，「今日は何月何日ですか？」「（物を見せて）これは何ですか？」といった，認知機能に障害がなければ簡単にできる課題を通して能力を評価するからである。

認知症の有無にかかわらず，認知機能を測定する心理検査を受けることには多くの高齢者が苦痛を感じる（Lai, Hawkins, Gross, & Karlawish, 2008）。実際，高齢者はしばしば検査を受けることに対して「なんでこんな検査を受けなくてはいけないのか？」，「自分のことを認知症だと疑っているのか？」と感情を露わにして訴えてくることがある。その背景には，できなかったらどうしようという不安や，認知症を疑われていることに対する怒り，できなかったときの自尊心の傷つきといった様々な感情がある。信頼関係が築けていない状態でアセスメントを実施することは，評価の精度に疑問が生じるばかりでなく，その後の支援のあり方にも影響が及びうる。したがって，検査の実施前に「これからどのようなことをするのか」「なぜするのか」などについて丁寧に説明し理解を得ることが，きわめて重要な手続きとなる。

1-3　アセスメントを活用するために必要な姿勢

認知症のアセスメントのために多くの優れた評価法が開発されている。これらの手法は十分な理解のうえに用いられれば多くの有益な情報を与えてくれる一方，理解が乏しいまま使用されることも多く，得点だけを見て認知症であると判断されてしまうこともある。認知機能の状態を数値化することは結果がわかりやすく便利ではあるが，同じ得点であってもどの課題ができていないかは人それぞれ異なるし，同じ得失点パターンを示したとしてもその原因は異なるかもしれない。とくに，高齢者の身体機能や精神機能は個人差が大きく，評価時の状態が結果に影響を及ぼすことも多い。科学的手法により精度が実証された評価法から得られた情報が支援に有用なのは言うまでもない。ただ，人はそ

れぞれの人生を歩んできた固有の存在でもあり，評価時には**個別性**を意識することも忘れてはならない。「認知症疾患により共通する症状がある」という**普遍性**に関する深い知識と，「同じ認知症疾患であっても症状の現れ方には人それぞれ異なる側面がある」という個別性に関する豊富な経験を兼ね備えられるよう研鑽し続けることが，アセスメントの実施者に求められる姿勢であろう。

2　認知症とともにある人へのトータルケア

加藤伸司

2-1　認知症ケアの歴史とこれからのケア

　認知症の出現率は65歳以上人口の約15％であり，有病者数は462万人と言われている（朝田，2013）。認知症の出現率は加齢とともに増加し，85歳以上で約40％，90歳以上で約60％，95歳以上で約80％の有病率となり（朝田，2013），超高齢社会にあるわが国では，国民的な病気と言っても過言ではない。

　認知症ケアの歴史をみると，特別養護老人ホームが老人福祉施設として位置づけられたことにより，多くの認知症の人の受け皿となっていったが，認知症ケアの中心は身体介護が中心であり，認知症のケアについての明確な理念や方向性もなく，場当たり的なケアが行われていた時代であった。**認知症の行動・心理症状**（Behavioral and Psychological Symptoms of Dementia：BPSD）は「**問題行動**」と呼ばれ，ケアは対処的なものであり，投薬，身体拘束などが日常的に行われていた時代でもあった。1980年代に入ると，施設やデイサービスなどにおいて，集団で行う様々なレクリエーションやアクティビティプログラムがさかんに行われるようになった。また徘徊などの周辺症状の背景や意味を考え始めるようになり，個別対応を模索するようになった時期とも言えるだろう。認知症ケアに有効な建築構造として回廊式が流行したのもこの時期である。1990年代に入ると，北欧諸国のグループホームが注目されるようになり，認知症の人の環境に関する研究が活発に行われるようになってきた。またケアプラン策定用の様々なアセスメントツールが開発された時期でもある。「問題行動」は，認知症の行動・心理症状（BPSD）と考えられるようになり，現在の認知

症ケアの理念とも言えるトム・キットウッド（Tom Kitwood）の**パーソンセン**
タードケアという考え方が紹介され始めた（後述）。1999年に厚生省が発表し
た**ゴールドプラン21**では，認知症高齢者支援対策の推進が謳われ，2000年の介
護保険制度の発足後は高齢者施策は認知症ケアを標準モデルと考えるようにな
り，グループホームの制度化や施設の個室ユニット化が進み，認知症の人の生
活環境は大きく変わってきた。2004年には，「痴呆」から「認知症」へと名称
の変更がなされ，2015年には，認知症に関するわが国初の国家戦略である**新オ**
レンジプランが12府省庁をまたいで作成され（第8章1節参照），2019年には認
知症大綱が発表された。

2-2　パーソンセンタードケアの理解

イギリスの心理学者トム・キットウッドは，これまでの認知症ケアを**オール**
ドカルチャー（old culture），これからのケアのあるべき姿を**ニューカルチャー**
（new culture）という名前で表現した。オールドカルチャーとは，認知症を脳
の障害が原因で起こる進行性の病気であり，行うべきケアは食事・排泄・衛生
管理などの援助であり，行動・心理症状（BPSD）には，効率的に対応するも
のであるという考えである。これに対してニューカルチャーとは，認知症を障
害の一つとしてとらえ，認知症ケアはその人らしさを維持するための全人的ケ
アであり，食事や排泄ケアなどは，その一部にすぎないという考えである。さ
らにBPSDは，認知症の人が私たちに送っているメッセージであるととらえ，
その意味を理解することからケアが始まるという立場である。

そして彼は**パーソンフッド**（personhood：その人らしさ，人間性）を重視し，
「認知症」という病気をみるのではなく，認知症という病気を抱えた「人」を
みるという全人的なケアの基本にある考え方を示し，生活する個人を対象にし
た**パーソンセンタードケア**（person centred care）という考え方を提唱した
（Kitwood, 1997 高橋訳 2005）。さらに，認知症の人の心理的ニーズとして，緊
張感がなくてリラックスしている状態（くつろぎ），他の人ではなく，その人
だけがもっているその人らしさ（自分らしさ），その人が他の人と違って特別に

感じている愛着やこだわり（結びつき），一方的に何かしてもらうことではなく，自分も何かをしたいという気持ち（みずからたずさわること），のけ者にされるのではなく，周囲とつながっているという気持ち（社会とのかかわり）の五つをあげている（Kitwood, 1997 高橋訳 2005）。またこれまでケアにあたる人たちがその場しのぎに使ってきた「だます」という行為や，「無理強いする」「無視する」「急がせる」などの行為を「**悪性の社会心理**」と呼び，そのことが認知症の人を深く傷つけ，身体状況まで損なわせる有害なものとして位置づけた（Kitwood, 1997 高橋訳 2005）。さらに認知症ケアの歴史において，「問題行動」と呼ばれてきた BPSD に対しても，それを認知症の人の示すメッセージとしてとらえ，その意味を理解したうえで対応するという考え方や，それらの症状を生活の質を高める方法で解決できないかという視点が，実際に認知症の人のケアにあたる人たちにとってケアの意識を改革する大きな役割を果たしたと言えるだろう（Kitwood, 1997 高橋訳 2005）。

2-3　生活の質の向上に向けたケア

　認知症とともにある人へのケアの目標は，症状の改善や BPSD への対応ではなく，当事者の生活の質の向上を図ることにあり，当事者が自分の思いを表現することができ，安心，安全に自分が望む生活を実現することにある。そのためには，病気のどの段階にあっても当事者の思いを理解し，それに寄り添っていくことが必要になる。かつて認知症の当事者は病気の自覚がないと言われてきたが，実際には初期の段階で何らかの違和感を抱くことが多く，これまでの生活と何かが違うということや，日常生活で起こる様々な失敗に気づく人も多い。この時期は自分の生活に異変が起こり始めていることを感じ，非常に不安になっていることが多い。また仕事や生活上の失敗を周りから指摘されることもでてくるため，本人も傷つき，抑うつ的になったりすることもある。この時期は，不安や周囲の人からの指摘に対する反発や怒りなど，複雑な気持ちを抱く時期とも言える。このため初期の段階で心理職が行う支援では，本人の不安に焦点を当てていくことが重要となる。また違和感を抱いてから受診して診

断に至るまでの間は空白の期間と言われるが，この期間をなるべく短くしていくことも重要である。近年は認知症とともに生きる人が，希望と尊厳をもって暮らし続けることができ，社会の一員として様々な社会領域に参画・活動することを通じてよりよい社会をつくりだしていくことを目的とする，認知症の当事者団体である日本認知症本人ワーキンググループの活動が注目されている。また，オランダで始まった地域の中にある認知症の人や地域住民のコミュニケーションの場としての**認知症カフェ**も，近年日本でも大きな広がりを見せている。このように，これまであまり重視されなかった認知症の初期段階にある人たちに対する支援は，近年急速に変わってきたと言えるだろう。

　認知症の中等度の段階は，本人も周囲も混乱する大変な時期である。時間や場所の混乱が起こり，判断力も低下しているため，様々な BPSD が頻発する時期でもある。またこの時期は，認知症の人の不安や怒り，恐怖といった心理的な問題が前面に出てくる段階であり，認知症の当事者も非常に辛い時期と言えるだろう。一方介護者は認知症の人の混乱に惑わされず，冷静に判断し，しかも認知症の人の心理的な問題をしっかり受け止めなければならない時期であり，認知症の人の介護でもっとも苦慮する時期でもある。この時期は，とくに本人の訴えに耳を傾け，理解しようとすることが重要となってくる。周囲から見れば，現実離れした話かもしれないが，当事者にとってはそれが現実なのである。

　終末期における認知症の人の世界は，何もわからなくなってしまうというよりも，おそらく混沌とした世界なのかもしれない。自分がどこにいるのかわからないことや，周囲で何が起こっているかがわからない，自分がなぜこういう状況なのかがわからないなど，私たちが共感的に理解すること自体が困難な時期なのかもしれない。しかし混沌とした世界に生きている人であるからこそ，かかわりをもっていくことが重要になる。終末期の人たちは，混乱期の人に比べて言葉や行動による訴え自体が減ってくるが，だからといって身体的なケアだけを重視すればいいというわけではない。本人が安心できるように寄り添うことや，手を握ること，体をさすること，視線を合わせて優しく話しかけるこ

となどが本人にとってはこころ安らぐケアとなる。

3　回想法その他の非薬物療法の実際

奥村由美子

3-1　様々な非薬物療法とその意義

　認知症の人への治療は薬物療法と**非薬物療法**に大別でき，さらに，家族介護者への支援が相互に作用し合うことによって，その効果が得られる。非薬物療法は，**認知症の行動・心理症状（BPSD）**の予防や改善を主なターゲットとしている。特定の療法による集中的な介入だけではなく，見当識障害や記憶障害をはじめとする能力低下により日常の活動が制限されてしまう認知症の人の過ごしやすさを高めるための様々な「環境調整」という，より広い観点も含まれる。介護者の介護負担を軽減できることからも，非薬物療法への期待は高い。

　アメリカ精神医学会の治療ガイドライン（1997）では，アルツハイマー病（AD）と認知症のための非薬物療法は，行動，感情，認知，刺激に焦点を当てた四つのアプローチに分類される（表9-3-1）が，中でも，**リアリティ・オリエンテーション（RO）**や**回想法，音楽療法**などが導入されることが多い。RO（若松，2017）は，認知症により低下した現実見当識を再度獲得，強化することを目指した介入方法で，認知症の発症初期や軽度の段階により有用である。非定型RO（24時間RO）と定型RO（クラスルームRO）があるが，非定型RO

表9-3-1　アルツハイマー病と認知症への精神療法・心理社会的治療
（アメリカ精神医学会治療ガイドライン）

```
1. 行動に焦点
    行動異常やその前後におこることを観察，評価し，その評価に基づ
    いて介入方法を導きだすもの
2. 感情に焦点
    支持的精神療法，回想法，バリデーション療法，感覚統合，など
3. 認知に焦点
    リアリティ・オリエンテーション，技能訓練，など
4. 刺激に焦点
    活動療法，レクリエーション療法，芸術療法，など
```

（出所）American Psychiatric Association（1997）

は一日の間の様々な場面で日時や居場所，かかわっている人物などの情報を繰り返し教示する方法であり，定型ROは定まった時刻と場所において，グループによって現実見当識情報を繰り返し学習する方法である。実践では，正しい情報をはじめから提供し誤答が出にくくする「誤り排除学習理論」が活用されている。また，回想法（奥村，2013，2019）は，高齢者が回想を通して自分の人生の意味や価値を再認識し，肯定的に受容する可能性を高めることを助ける方法である。個人回想法とグループ回想法に大別され，個人回想法では専門職が一対一でその時間をともに過ごし，高齢者の回想を共感的に支持的に傾聴する。グループ回想法では複数の高齢者が参加し，語り手であると同時に聴き手となり，高齢者相互の支え合いも目標となる。回想の内容や方向性という側面では，自らの人生を振り返り，その人なりの意味の探求を目指す**ライフレヴュー**（人生回顧）と，より広く人生折々の経験や出来事がより自然に思い出される**レミニッセンス**（一般的な回想）に分類される。さらに，音楽療法は「音楽のもつ生理的，心理的，社会的働きを用いて，心身の障害の回復，機能の維持改善，生活の質の向上，行動の変容などに向けて，音楽を意図的・計画的に使用すること」と定義される（日本音楽療法学会）。個人や集団の形式による「音楽を聴く行為を中心とする方法」と「音楽を自己表現の手段とする方法」に大別され，後者には先述の回想法を併用するものが含まれる。認知症の人には集団形式での音楽療法が導入されることが多い。また，最近では，様々な課題やディスカッションを通じて全般的に認知機能を高めることや，対人交流を通じて社会機能を高めることを目的とする認知的働きかけも着目され，中でも**認知活性化療法**は代表的なプログラムである（山中，2017）。療法の有用性を高めるには，標的とする症状に働きかけるもので，**自尊心**を維持できるものであることが望ましい。

3-2　認知症高齢者への回想法の実践

　認知症高齢者には，レミニッセンスを中心とする**グループ回想法**を導入することが多い（奥村，2013，2019）。グループ回想法では，スタッフはともに参加

し，参加者の注意を話し手に向くように促したりして，回想の共有や**相互交流**を助ける。これらの働きかけを重ねることで参加者の落ち着きが増し，グループの**凝集性**も高まる。主な効果は，①情動機能の回復，②意欲の向上，③発語回数の増加，④表情などの非言語的表現の豊かさの増加，⑤集中力の増大，⑥BPSD（行動・心理症状）の軽減，⑦社会的交流の促進，⑧支持的・共感的な対人関係の形成および他者への関心の増大，であり（野村，2011），日常生活の活性化につながる可能性をもつ。認知症高齢者への回想法の適用は，おおむね認知症が軽度から中等度で，言語と記憶の機能がある程度保たれている場合となるが，流暢に話せなくても，他者の回想の理解や場を共有できる場合にも可能である。疾患別ではADや血管性認知症の高齢者になじみやすい（奥村，2013，2019）。

　回想法の効果的な実践に向けては事前に個々の情報収集を行い，テーマや道具，グループ形式ではグループ構成や座席，実施時の配慮等を検討する（奥村，2013，2019）。テーマは，ライフレヴューでは発達段階にそって時系列的に設定するが，レミニッセンスでは季節や行事などにまつわるテーマもなじみやすい。また，テーマにそった道具を用いることで，具体的な回想につながることもある。

　認知症高齢者への回想法では認知症の程度を考慮するが，まずは，話し手は高齢者自身であることを忘れないようにしたい。ときに，回想内容に事実とのズレや繰り返しがあったり，自ら，悲しくつらい思い出や，その人の人生の意味にかかわるような内容が話されることもある。どのような場合も，その人にとって大事な思い出であると理解し，誠実に聴いていくことが大切である。また，何気ない回想が，思いのほか過刺激となりうることにも留意する必要がある。

　認知症高齢者への回想法では，さらに家族やスタッフにも効果をもたらすことがある（奥村，2010）。じっくり落ち着いた回想の時間は，日ごろ気づけないような個々の高齢者のその人らしさやなじみやすいかかわり方を知る機会になり，その気づきを日常生活での質の高いケアに活かせる可能性もある。

3-3 心理職に期待される役割

認知症の人には認知機能の低下によって日常生活に様々な戸惑いが増える。その治療や支援においては，まず「今，ここ」でかかわるその人がどのような状態であるのかを把握するとともに，どのようなことを大切にして生きてこられた方なのかということにも関心をもち，人と人とのつながりを深めていく。

あわせて，臨床心理学の専門性においては，日常生活でのかかわりにおける理解や，心理検査や心理面接等による**心理的アセスメント**を通しての状態の理解につとめることとなるが，非薬物療法の導入やその選定，具体的な実施方法や目標設定等についても，対象者個々の状態に応じて検討する必要がある。それぞれの臨床実践について，何のために行い，日常生活にどのような波及が期待できるのかを考慮しつつ，心理学的な観点を**家族**や**他職種**とも共有し，個々の高齢者にとっての有用な治療や支援が柔軟に行われることが期待される。

4　高齢者虐待防止のために

加藤伸司

4-1 高齢者虐待とは

「高齢者虐待の防止，高齢者の養護者に対する支援等に関する法律」（以下，**高齢者虐待防止法**）は，高齢者虐待の防止と早期発見・早期対応を主眼に，家庭内だけでなく，施設・事業所の従事者等による虐待も対象としている。また法の名称にあるように，高齢者を養護する家族等への支援も施策の柱の一つにしている。高齢者虐待防止法では，虐待を「高齢者が他者からの不適切な扱いにより権利利益を侵害される状態や生命，健康，生活が損なわれるような状態に置かれること」ととらえたうえで，虐待を「身体的虐待」「介護世話の放棄・放任（ネグレクト）」「心理的虐待」「性的虐待」「経済的虐待」の5類型として定義している。

身体的虐待とは，高齢者の身体に外傷が生じ，または生じるおそれのある暴行を加えることなどを指しており，**介護世話の放棄・放任（ネグレクト）**とは，高齢者を衰弱させるような著しい減食または長時間の放置のことなどを指して

いる。養護者によるネグレクトは，養護者以外の同居人の身体的・心理的・性的虐待と同様の行為の放置等養護を著しく怠ることとされており，施設従事者等によるネグレクトは，その他の高齢者を養護すべき職務上の義務を著しく怠ることとされている。**心理的虐待**とは，高齢者に対する著しい暴言または著しく拒絶的な対応その他の高齢者に著しい心理的外傷を与える言動を行うこと，**性的虐待**とは，高齢者にわいせつな行為をすることまたは高齢者をしてわいせつな行為をさせることとされている。また**経済的虐待**とは，高齢者の財産を不当に処分することその他当該高齢者から不当に財産上の利益を得ることとされている。

　高齢者虐待防止法では，虐待を発見した場合に国民に通報の努力義務が課せられているが，生命身体に重大な危険が生じている場合には，必ず通報しなければならないという**通報義務**が課せられている。また，保健・医療・福祉の仕事に携わる人は，生命・身体の危険があるかどうかにかかわらず，虐待を発見した場合には，通報義務が課せられている。

4-2　高齢者虐待の実態

　家庭内における虐待は，2006年度に**相談通報件数**が18,390件，**虐待判断件数**が12,569件であったのに対し，2017年度では相談通報件数が30,040件（1.6倍），虐待判断件数が17,078件（1.4倍）と増えており，前年度より2,100件増加している。虐待類型では，身体的虐待が66.7％ともっとも多く，次いで心理的虐待（39.1％），ネグレクト（20.3％），経済的虐待（18.3％），性的虐待（0.4％）の順になっている（複数回答）。虐待の発生要因は，「介護疲れ・介護ストレス」が24.2％ともっとも多く，「虐待者の障害や疾病」（21.8％）「虐待者の性格や人格の問題」（11.5％）「虐待者の知識や情報の不足」（5.5％）「虐待者の飲酒の影響」（5.4％）「虐待者の精神状態が安定していない」（5.0％）の順となっており，虐待の発生要因は多岐にわたっている（複数回答）。

　また施設や事業所による虐待は，2006年度に相談通報件数が273件，虐待判断件数が54件であったのに対し，2017年度では相談通報件数が1,898件（7.0

倍)，虐待判断件数が510件（9.5倍）と増えており，虐待判断件数は前年度より175件増加している。虐待類型では，身体的虐待が59.8%（虐待に該当する**身体拘束**32.3%を含む）ともっとも多く，次いで心理的虐待（30.6%），ネグレクト（16.9%），経済的虐待（8.0%），性的虐待（3.3%）の順になっている（複数回答）。高齢者虐待防止法では，施設・事業所等における**身体拘束禁止規定**に反する身体拘束も虐待としてとらえており，「緊急性」「非代替性」「一時性」のという**例外3原則**に該当しない身体拘束は虐待とみなされる。

　施設や事業所等の虐待発生要因は，「教育・知識・介護技術等に関する問題」が60.1%ともっとも多く，次いで「職員のストレスや感情コントロールの問題」（26.4%）「倫理観や理念の欠如」（11.5%）「人員不足や人員配置の問題及び関連する多忙さ」（7.5%）「虐待を助長する組織風土や職員間の関係の悪さ」（7.3%）「虐待を行った職員の性格や資質の問題」（5.6%）の順になっており，教育や知識等の不足がもっとも多いのが特徴的である（複数回答）。

4-3　高齢者虐待防止の課題

家族等による高齢者虐待の課題

　相談・通報者は，介護支援専門員が3割程度ともっとも多く，次いで警察の順になっているが，在宅ケアに携わる関係者は，訪問介護や訪問看護，デイサービスなど多岐にわたっている。通報義務がある専門職が，疑いのあった時点で早期に相談や通報を行うことによって，虐待に至る前に未然に防ぐことが可能となり，虐待が深刻化する前に支援を行うことができるだろう。

　虐待の問題では，介護する家族への支援という視点も重要である。家庭内虐待の発生要因は複雑であり，多くは家族関係にかかわる構造的なものと考えられる。またその背景には，介護疲れや，介護者の病気の問題，経済的な問題などがある場合も多い。高齢者同士の介護では，介護者自身の健康不安や体力の問題があり，子どもによる介護の場合，介護のために仕事を辞めてしまうこともある。仕事を辞めたことによる収入の減少によって，介護される親の収入や資産などに依存することとなり，親は子どもによる介護に依存するという共依

存の関係が生まれる。また収入減少によって介護サービスを制限するような事態になったときは，閉塞感が募り，介護負担はますます増えていくことになる。

　虐待を受ける人の特徴として認知症の症状がある人が多いことを考えると，家族が認知症を正しく理解していないと，対応に苦慮するだけではなく，ストレスも増大していくことになる。虐待の防止にあたっては，介護負担の軽減だけではなく，今後は介護家族への教育やカウンセリングなどのより専門的な支援が必要になり，これらの役割を担うことが心理職に望まれる。また家庭内で虐待を行った人の 9 割近くは同居家族であり，息子や夫などの男性介護者による虐待が多いのはこれまでの一貫した特徴である。今後は介護者である息子や夫など，男性介護者に対する心理的支援が重要な課題と言えるだろう。

施設・事業所の職員等による高齢者虐待の課題

　施設等の専門職による虐待は，年々増加してきている。虐待種別では身体的虐待がもっとも多いが，心理的虐待などは事実確認がむずかしい。また介護スタッフが意識しない行為であっても，虐待にあたることもあり，潜在的な虐待も存在する。しかしその根底にあるのは不適切なケアであり，不適切なケアをなくすことによって虐待を減らせる可能性は大きい。また施設等で行われる身体拘束も虐待にあたるという認識をもつことは重要である。

　施設等における虐待の発生要因でもっとも多い「教育・知識・介護技術等に関する問題」の内訳は「組織の教育体制，職員教育の不備・不足」や「組織や管理者の知識・認識・管理体制等の不足」など組織体制の問題と，「職員の虐待防止・権利擁護・身体拘束に関する知識・意識の不足」や「職員の高齢者介護に関する知識・技術の不足」など虐待者自身の問題があることがわかる。施設・事業所等の虐待を防ぐためには，組織体制の見直しや職員教育が重要であり，職員自身の知識やスキルの向上が大きな課題と言えるだろう。

　また虐待の発生要因には，介護従事者が抱える職務上のストレスや，組織体制の問題などもあり，個人の責任だけを問えばよいという問題ではない。職務上の負担やストレス，組織風土の改善に向けた取り組みとしては，柔軟な人員配置の検討や，効率優先のケアの見直し，とくに夜勤時の特段の配慮などが必

要になる。またストレスの問題の対策としては，チームとしてサポートしていく体制も重要である。さらに倫理観やコンプライアンスを高める教育も重要な課題と言えるだろう。いずれにしても，高齢者虐待は不適切なケアの延長線上にあると考え，ケアの質の向上を図ることが虐待の予防につながるということを理解しなければならない。

　高齢者虐待は，虐待を受ける人にとっても，虐待者にとっても不幸な出来事である。家庭内虐待に関しては，養護者支援という視点をもち，専門職による積極的な支援と教育が必要となる。認知症の人の生活の質の向上だけではなく，介護家族の生活の質の向上も併せて考えていくことが結果的に虐待を防ぐことにつながる。また施設等の介護従事者による虐待に関しては，個人の責任で終わらせることなく，組織全体として取り組むことが重要であり，介護従事者に対する適切な教育とストレスマネジメントを行っていくことが必要である。

❖考えてみよう
・同じ認知症疾患であっても，症状の現れ方は人それぞれ異なる。このような個別性を説明するうえで，心理職はどのような視点を提供できるだろうか。（大庭）
・認知症の初期段階の人が抱く不安に対して，心理職としてどのような支援ができるのか，考えてみよう。（加藤）
・人がその人らしく過ごせるために必要な支援は，誰にも同じものだろうか。（奥村）
・虐待をしてしまった家族に対して，心理職としてどのようなサポートができるのかを考えてみよう。（加藤）

もっと深く，広く学びたい人への文献紹介
　佐藤　眞一（2018）．認知症の人の心の中はどうなっているのか　光文社新書
　　　☞最新の研究知見を基に，認知症の人の心の世界や抱えている苦しみ，ともによりよく暮らすための方法について，心理学の視点からわかりやすく解説している。（大庭）
　加藤　伸司（2014）．認知症の人を知る　ワールドプランニング
　　　☞80ページ程度の本であり，本書第9章2節で扱った内容が詳細に解説されている。付録に HDS-R の施行法とワンポイントアドバイスがまとめられ

ている。（加藤）

大川　一郎・土田　宣明・宇都宮　博・日下　菜穂子・奥村　由美子（編著）（2011）.
　エピソードでつかむ老年心理学　ミネルヴァ書房
　　☞中年期から老年期の身体面，心理面，生活面における様々な特徴をエビデ
　　ンスも含めて解説。生涯発達という観点での理解や支援に役立つ一冊。
　　（奥村）

加藤　伸司・矢吹　知之（2011）.　高齢者虐待の予兆察知　ワールドプランニング
　　☞90ページ程度の本であり，在宅介護における家族支援と対応のポイントが
　　まとめてある。在宅支援にかかわる専門職向けに簡単にわかりやすくまと
　　めてある。（加藤）

引用・参考文献

1節

加藤　伸司・下垣　光・小野寺　敦志・植田　宏樹・老川　賢三・池田　一彦・小坂
　敦二・今井　幸充・長谷川　和夫（1991）.　改訂長谷川式簡易知能評価スケー
　ル（HDS-R）の作成　老年精神医学雑誌, *2*, 1339-1347.

Lai, J. M., Hawkins, K. A., Gross, C. P., & Karlawish, J. H. (2008). Self-reported
　distress after cognitive testing in patients with Alzheimer's disease. *Journal
　of Gerontology: Medical Sciences*, *63A*, 855-859.

扇澤　史子（2018）.　知っておきたい　アセスメントのための基礎知識　黒川　由紀
　子・扇澤　史子（編）　認知症の心理アセスメント　はじめの一歩（pp. 9-35）
　医学書院

杉下　守弘・逸見　功・竹内　具子（2016）.　精神状態短時間検査──日本版
　（MMSE-J）の妥当性と信頼性に関する再検討──　認知神経科学, *18*,
　168-183.

山鳥　重（1985）.　神経心理学入門　医学書院

2節

朝田　隆（2013）.「都市部における認知症有病率と認知症の生活機能障害への対
　応──平成23年度〜平成24年度総合研究報告書──　厚生労働省科学研究費
　補助金　認知症対策総合研究事業

Kitwood, T. (1997). *Dementia reconsidered: The person comes first*. Buckingham:
　Open University Press.
　（キットウッド，T.　高橋　誠一（訳）（2005）.　認知症のパーソンセンタード
　ケア──新しいケアの文化へ──　筒井書房）

3節

American Psychiatric Association (1997). Practice guideline for the treatment of
　patients with Alzheimer's disease and other dementias of late life. *The*

American Journal of Psychiatry, 154 (Suppl 5), 1-39.

日本音楽療法学会　http://www.jmta.jp/ （2019年1月31日閲覧）

野村　豊子（編集代表）（2011）．Q&A でわかる回想法ハンドブック――「良い聴き手」であり続けるために――　中央法規出版

奥村　由美子（2010）．認知症高齢者への回想法に関する研究――方法と効果――　風間書房

奥村　由美子（2013）．回想法　中島　健二・天野　直二・下濱　俊・冨本　秀和・三村　將（編）　認知症ハンドブック（pp. 267-272）　医学書院

奥村　由美子（2019）．認知症高齢者への回想法　日本認知症ケア学会誌, *18*, 431-437.

若松　直樹（2017）．認知症高齢者に対するリアリティ・オリエンテーション　老年精神医学雑誌, *28*, 1361-1367.

山中　克夫（2017）．認知症高齢者に対する認知活性化療法　老年精神医学雑誌, *28*, 1356-1360.

4節

公益社団法人日本社会福祉士会（2019）．高齢者虐待の要因分析及び高齢者虐待の再発防止に向けた効果的な取組に関する調査研究事業　平成30年度老人保健事業推進費等補助金（老人保健健康増進等事業）

厚生労働省（2019）．平成29年度「高齢者虐待の防止，高齢者の養護者に対する支援等に関する法律」に基づく対応状況等に関する調査結果　https://www.mhlw.go.jp/stf/houdou/0000196989_00001.html（2020年3月17日閲覧）

第**10**章　福祉分野でのその他の取り組み
——福祉のその先を見据えて

齋藤暢一朗・松山剛志・吉住隆弘・山本菜穂子

　この章では，第1章から第9章では紹介されなかった福祉分野における心理
職の活動について触れている。とはいえ，生物－心理－社会モデルを持ち出す
までもなく，人間社会の営みを考えれば，前出の福祉分野の心理職と，本章各
節の心理職の取り組みの関連性は当たり前のこととして理解されよう。「ひき
こもり」「生活困窮」「子どもの貧困」そして「虐待の予防を視野に入れたプロ
ジェクト」，このどの分野をとっても心理的アセスメントと支援が必要とされ，
それは今後さらに心理職に期待されることになろう。　　　　　（宮井研治）

1　社会的ひきこもり支援

齋藤暢一朗

1-1　社会的ひきこもりとは

　ひきこもりは「様々な要因の結果として社会的参加（義務教育を含む就学，
非常勤職を含む就労，家庭外での交遊など）を回避し，原則的に6ヵ月以上にわ
たって概ね家庭にとどまり続けている状態（他者と交わらない形での外出をして
いてもよい）を指す現象概念である」と厚生労働省が作成したガイドライン
（2010）では定義されている。

　このことは，ひきこもりは状態像であり，その原因・背景は多様であること
を実質的に意味している。したがって，ひきこもり事例の原因や背景を「親の
育て方が悪い」というように単一的にとらえるのではなく，生物―心理―社会
の各要因の視点から個々の事例をとらえる必要がある。たとえば，発達障害特

性，知的能力，メンタルヘルス上の不調などの生物的要因。人格，思考様式，自尊心，アタッチメント，トラウマ，葛藤対処力などの心理的要因。家族関係，学校や職場環境，地域性や文化などの社会的要因。このような複数の要因の重なりとその時系列的な動態をアセスメントする必要がある。

　ひきこもりの程度も様々である。必要なときに自ら近所のコンビニ等に買い物に行けるくらいのひきこもり度が軽い状態，外出はしないが家庭内で比較的自由に行動し，家族とコミュニケーションができる状態，自室にこもりがちで家族とのコミュニケーションもごく限定的にしかできない状態など，ひきこもりの程度は事例によって異なる。当然，ひきこもる状態の程度が重いほど，状況は膠着化しやすく，経過も長期化しやすい。最近はひきこもりの経過が5年以上の長期化事例や，本人と親の高齢化が問題となってきている。

1-2　家族支援

　ひきこもり支援における最大の特徴は，本人が外部の支援者につながらないことである。そのため，ひきこもる本人の状態に問題意識をもつのは主としてその親や家族であり，最初に支援者のもとに訪れるファースト・クライエントは多くの場合親である。

　内閣府のガイドライン（2011）では，①家族支援段階→②個人的支援段階→③中間的・過渡的な集団との再会段階→④社会参加の試行段階という4段階が提示されている。すべての事例がこの段階のとおりにプロセスするわけではなく，ひきこもりの程度が重い事例が一足飛びに就労訓練をして社会参加ができるようになるわけでもないことを，親と共有することは大切である。

　家族支援はひきこもり支援の基盤である。家族面接，家族会，心理教育プログラムなど，家族支援には複数の形態がある。まず**家族面接**ではファースト・クライエントである家族に対して，問題経過のインテークによる情報収集，来談した家族の不安や焦りへの対応，本人の状態理解を助けるための心理教育，具体的な行動課題を提案するコンサルテーションなどを目的に行われる。家族内でも問題解決の意欲や状況のとらえ方に違いがあり，そしてそれはむしろ自

然なことである。したがって，支援者はそうした家族の思いの違いを踏まえた
うえで，家族と協同できるようリードしていくことが求められる。

　家族会などのような家族同士が集まる当事者相互の支援形態もある。そこで
は主に，ひきこもり問題に関する情報交換，お互いの苦労や体験の共有，勉強
会の主催などが行われている。行政などが企画・運営する場合や，当事者家族
が自主的に運営している場合もある。

　家族が本人とほとんど会話ができない事例では，コンサルテーションや傾聴
的な家族面接だけでは事例が展開していかない場合が多い。そこで，家族自身
の問題解決力を高めるために，コミュニケーションスキルや比較的専門性の高
い知識を身につけるためのプログラム型の支援も行われるようになっている
（境・野中，2013）。こうした支援は問題解決の意欲が高い家族に対して，本人
を外部の支援につなげることを目的にするなど，具体的な目標に応じて提供さ
れる。

1-3　アウトリーチ支援（訪問支援）

　ひきこもり事例の多くは，ひきこもっている本人が外部の支援に出向くこと
が難しい。そのため，支援者が本人のもとを訪問してかかわりをつくっていく
訪問支援に代表される**アウトリーチ**の実践が求められる。

　そもそも，訪問支援は膠着した状態を少しでも変えるきっかけにしたいとい
う家族の要望で開始される点にその特徴がある。一般的なカウンセリングでは，
相談動機をもったクライエントがカウンセラーのもとを訪れ，問題解決を目指
していく。一方で，訪問支援では本人に強い希望があることはまれで，むしろ
親側のニーズを先行して依頼することが多い。そのため，通常のカウンセリン
グのように問題解決に向けた対話を展開していくかかわりではなく，本人との
つながりづくりを優先するかかわりがもたれる。具体的には本人の興味関心の
ある話題や安心できる話題を通したかかわりが基本となる。

　訪問支援では，家族以外の他者との安心できる，そして尊重される関係性が，
人間関係の自信を取り戻すことにつながっていく。そうした自信や自己肯定感

の回復とともに，社会場面への挑戦につながっていくことが可能になるのである。また，本人の変化や成長だけではなく，家族関係にも肯定的な変化がもたらされる。たとえば，訪問支援を通して本人に肯定的な反応が見えてくることで，家族も本人に対する認識やかかわりが変わっていき，親子間に風通しのよいかかわりが生まれていく。

　一方で，訪問支援はよい面ばかりではなく，リスクがあることをクライエントとも共有して，慎重に行っていかなければならない。具体的には，本人に丁寧な説明をしないままの訪問，自傷他害のリスクや対応を十分に検討しないままの訪問は行うべきではない。また，このほかにも訪問支援の留意点の一つとして，家族内の関係性に支援者が巻き込まれてしまいやすいという側面がある。支援者が葛藤的な親子関係のどちらか一方に肩入れしてしまったり，親子の密着的な関係に支援者がうまく入り込めないなど，事例や局面によってその動きは様々である。したがって，訪問支援と家族支援を併用して，家族全体を支援していくことができる専門性が求められる。

1-4　集団支援

　集団支援は，一定以上の社会交流への意欲がある対象者に行われる。集団支援は以下のように居場所型と就労支援型に大別することができる。

　居場所型の支援では，支援者が運営する場に当事者が集って交流がもたれる。そこでは雑談やゲーム，レクリエーション活動などが行われ，他の当事者にも自分と近い境遇や体験があるため，安心感や仲間意識が育まれやすい。緩やかな社会関係を培っていく中で場に定着していく。そして仲間とのつながりやかかわりを通して，次第に発達課題的なテーマに取り組み直す心理的な機能もある。

　就労支援型では就労を当面の目標として，就労に必要なスキルや経験を身につけていく。具体的な例として，支援機関が運営する喫茶店などの飲食店の接客，調理や調理の仕込み，清掃，ホームページやチラシ作りなどの広報などがあげられる。他にも地域資源の活用や地域の課題を補完することも兼ねて，農

業や高齢者介護などの場にひきこもりの経験者が就労体験として入っていくことも積極的に行われることが期待される。

　一人の支援者がこれらのすべての役割をこなすことはできない。そのため，日ごろから地域の支援資源との有機的なつながりをもっておくことも支援者には求められる。

2　生活困窮者の間接支援

松山剛志

2-1　保護課という職場

　筆者は現在，大阪市福祉局生活福祉部保護課に所属し，その事務室は大阪市役所内にある。一般に地方公務員の心理職というと，児童相談所や知的障がい者更生相談所などの，より市民に近い"現場"での勤務が多い。その中で筆者は，大阪市の生活保護施策の立案・実施を担っている職場で"福祉現場"の仕事をしている。事業所に比べて事業や制度にかかわる職員が多いため，制度や仕組み全体の中での心理職のいろいろな可能性を考えさせられることがある。

　大阪市西成区に，全国最大の「寄せ場」と呼ばれる日雇い労働市場の**あいりん地域**がある。そして，あいりん地域内で住居のない要保護者などの福祉の向上を図るため，各種相談・保護事業と環境の整備改善を行う機関として，大阪市立更生相談所という実施機関が存在した。筆者はもともと，その更生相談所の附属施設である大阪市立更生相談所一時保護所に心理職として配属されていた。

　一時保護所とは，一時保護とアセスメントの機能をもち，更生相談所で保護が決定された被保護者を即日受け入れる**生活保護施設**である。入所者は，医学的，心理学的アセスメントなどを受けたうえで，他の生活保護施設（以下，施設）に転所していく。そこで筆者は，主に心理アセスメントや精神保健相談などを行っていた。しかし，あいりん地域の環境の変化に伴い，更生相談所と一時保護所は事業が見直されて整理されることになった。

　現在の職場では，施設や福祉事務所からの依頼により，あいりん地域だけで

なく大阪市内で生活に困窮し，施設に入所している入所者に対し，訪問による**心理アセスメント**を行っている。

2-2　事例紹介

　この項では，架空ではあるが比較的よく出合うタイプの事例を紹介したい。

　　面接前に資料から得た生活歴：50代男性Aさん。地方の小さな町で生まれる。中学卒業後，集団就職で大阪の工場に就職するが，対人関係につまずき1年半で退職。実家には帰らずアルバイトを転々とする。20代後半で水商売のボーイとして働くが，同僚にいじめられ数か月で辞める。30歳からあいりん地域の簡易宿泊所に泊りながら土木作業などの日雇い労働に従事。50代以降気分が沈みがちで，腰痛も生じて働けなくなり，生活に困って福祉事務所に相談。何度か居宅での生活保護を受給するが，家賃滞納や失踪による保護廃止が続き，自立訓練のために施設入所となる。

　心理職が施設に訪問し，Aさんとの面接を実施した。普段の様子を聞き，**心理検査**を行った。検査後，Aさんは「父親は厳しく，何かにつけて殴られた。父親は母親にも手を上げていた。学校では内気で友人はあまりできず，いじめにも合い，勉強も全然できなかった。」と語った。

　性格検査の結果，Aさんは，一見明るくハキハキしていても，幼少期からの虐待やいじめ，仕事で努力してもうまくいかないことなどに傷つき，抑うつ感や無力感が強いことがうかがえた。また，知能検査から知的能力は低い水準にあり，学齢期に授業にまったくついていけなかったことからも，**知的障がい**が疑われた。居宅保護中，能力的に金銭管理ができず家賃滞納となったり，就労指導を受けたが仕事が見つからず，何をどう説明したらいいのかもわからず，何もかも嫌になって家を飛び出したりしたようだった。日常会話では問題ないため周りに気づいてもらえず，本人も怒られてばかりいることで自尊感情が低下し，一人で辛い思いを抱えてきたことがわかった。さらに，虐待の影響もあって対人関係の築きにくさを抱えていることもうかがえた。

　アセスメント結果を支援者に伝えたところ，支援者としては会話もスムーズでしっかりしている印象をもっており，知的障がいの可能性は考えていなかったようだった。本人に能力以上のことを求めていたことに気づき，対人関係のあり方に配慮しつつ本人の能力に合った支援を一緒に考えることとなった。

2-3　対象者の特徴

　生活保護とは，日本国憲法第25条「すべて国民は，健康で文化的な最低限度の生活を営む権利を有する」の理念にもとづく制度である。原則，アパートやマンションなどの居宅にて行うが，「何度も居宅生活に挑戦したがうまくいかなかった」「一人での生活に自信がもてない」など，居宅での生活保護が難しいときなどには，生活保護施設などで生活保護を受けることができる。施設では，施設の支援者やケースワーカーの支援のもと，日常生活面・社会生活面・就労面の自立を目指すことが目標となる。

　生活保護の対象者は，高齢者，母子家庭，疾病を抱えた人，障がいのある人など多岐にわたり，心理アセスメントの際も福祉についての幅広い知識が必要となる。施設の入所者にも様々な問題を抱える人が多く，家族や友人と疎遠なケースや幼少期から家庭的な基盤が脆弱なケースも多い。

　2017年度に保護課が実施したアセスメント結果では，対象者の年齢は，40代から60代が75％を占めるが，40歳未満も7％存在する。知的能力の面では，IQ70未満が約37％，IQ70以上80未満が19％と多くの人が知的能力に課題を抱えている。また，何らかの**発達障がい**が疑われる場合も多い。しかし，そのほとんどの人が障がい者手帳を取得しておらず，社会からの支援を受けられていない。加えて統合失調症やうつ病，アルコール依存症などの**精神疾患**を抱えている人も多く，心理面の理解やフォローが必要となることも多い。

　また，男女比では女性は約14％と少なくなっている。女性の場合は水商売などで困窮を免れる人もいるが，施設入所となる場合には，幼少期から性的虐待を含む虐待を受けていたり，複数の人からDVを受けたり，リストカットなどの自傷行為を繰り返したり，不特定多数の男性と関係をもつなど，心理的な

問題に発展しやすい複雑な事情を抱えていることもある。

2-4　心理職の役割と今後の展望

　心理面接では，まず基本的な情報を確認しながら**ラポール**を築くことが大切である。しかし，この業務で出会う対象者とラポールを築くことは非常に難しい。入所者は，一見丁寧に受け答えしてくれても，自分の気持ちを素直に表現できなかったり，本音を見せなかったりすることも多い。カウンセリングと違って，入所者が自発的に心理面接を希望したわけではなく，役所の職員に対して立場が弱いと感じながら応じている場合もあるからだ。

　面接では，**心理検査**を実施する。2時間程度の1回の面接だけでアセスメントを行うため，スクリーニングの側面が強い。あまり本人の負担にならずに多くの情報が得られるよう，知能検査と性格検査で**テストバッテリー**を組む。高齢者も多いため，認知症スクリーニングを用いることもある。

　検査後には結果も踏まえて入所者から再度話を聴く。入所者の抱えてきた辛さや現在感じている不安な思いを聴いたり，入所者自身の目標に向かうための方法を話し合ったりすることもある。

　入所者との面接の後，施設の支援者やケースワーカーと**コンサルテーション**を行う。本人の特徴を踏まえ，具体的な支援方法や今後の方針をともに検討する。支援者とは異なる見方で入所者の課題に注目することで，現在の支援方法を客観的に確認できたり支援の幅が広がったりする場合もある。

　Aさんの事例のように，入所者自身の甘えや怠慢ではなく，何らかの障がいや成育史上の問題を抱えているために仕事や人間関係でうまくいかず，社会的に虐げられてきたケースは多い。そのような入所者に対し，今まで気づいてもらえなかった本人の思いにも触れつつ，本人の力を発揮でき，生活の質を高められるような支援を，支援者と相談しながら日々模索している。

　これまでの入所者の傾向として，単身で日雇い生活を送っていたが，疾病などを理由に就労できなくなり施設に入所するケースが多かった。しかし，時代とともに生活困窮に陥る理由は多様化・複雑化している。薬物依存などの精神

疾患が増え，ネット依存やゲーム依存も見られるようになった。ほかにも，一時的には高収入を得ていたり，高学歴だったりする場合もある。しかし，生活保護の制度上，十分にカウンセリングを受けられないケースは多い。そのため，本人の表に見えない辛さや背景に抱えている問題を理解し，本人にとっての生活をよりよいものにするために，心理職のもつ役割は非常に大きい。心理職がかかわることでメンタルヘルスの不調や目に見えない障がいなどを早期に発見し，それぞれに合った支援を考えることにもつながるだろう。少しでも本人らしく過ごせるよう，間接的であっても支援にかかわっていきたいと願う。

3　子どもの貧困

吉住隆弘

3-1　子どもの貧困とは

　わが国で**子どもの貧困**が注目されるようになったのは，2000年代以降である。とくに近年注目されているのが，**相対的貧困**と呼ばれる問題である。これは一般の人々が享受する普通の習慣や行為を行うことができない状態であり，子どもにおいては，周囲の友だちが経験している社会的活動や文化的活動が制限されることを意味する。政府によって発表された子どもの**相対的貧困率**は，直近の2015年において13.9％となっている（厚生労働省，2016）。この数値は，過去最悪だった2012年の16.3％よりは改善されたものの，子どもの約7人に1人が相対的貧困下で生活していることを意味している。

　貧困問題への世論の関心の高まりを受け，国は2013年に**子どもの貧困対策の推進に関する法律**を定めた。同法の大綱では，子どもの貧困対策に関する指標改善に向けて，教育の支援，生活の支援，保護者に対する就労の支援，そして経済的支援が重点施策として盛り込まれた。とくに教育の支援では，学校をプラットフォームとした総合的な子どもの貧困対策を行うとしたことに注目が集まった。一方，同じく2013年に成立した**生活困窮者自立支援法**は，わが国のセーフティネットの脆弱さを受けて誕生した法律である。**生活保護**に至る前の段階で，当事者の自立を支援することを目的とし，自立相談支援事業，住居確保

給付金の支給，就労準備支援事業，一時生活支援事業，家計相談支援事業，子どもの学習支援事業等からなる。同法は生活困窮者を「現に経済的に困窮し，最低限度の生活を維持することができなくなるおそれのある者」（第3条）と，支援対象を幅広く定義することで，排除のない対応を行うことを理念としている。

3-2　問題の背景にある貧困

　貧困は，マズロー（Maslow, A.）の欲求五段階説によれば，生理的欲求や安全の欲求といった，より低次の欲求充足にかかわる問題であり，エリクソン（Erikson, E. H.）の発達段階の理論においては，自我の発達を促す社会との関係それ自体が剝奪される問題でもある。また，主たる養育者が就労のために子どもの養育に十分な時間を割けなかったり，精神的に不安定だったりすることにより，そのことが子どもの愛着形成に何らかの影響を及ぼすこともある。以上のことから，貧困は，たんに物質的な側面にとどまらず，子どもの社会関係や心理的側面に何らかの影響を及ぼし得る問題であると考えられる。

　しかしながら，貧困それ自体は周囲からは見えにくく，見ようとしなければ見えない特徴を持つ。本人の努力不足ゆえに貧困に陥っているとする自己責任論的な社会の見方や，偏見やスティグマをおそれて，子どもの親は貧困であることを意図的に隠そうとしたり，支援へのニーズがありながらも支援を求めることを諦めたりしている。

　それゆえ，子どもとかかわる者は，貧困に対するアンテナの感度をよくしておくことが必要である。たとえば学校生活では，朝食抜き，遅刻，居眠り，同じ服を着続けている，学用品が揃わないといったことの背景に貧困が隠れていることがある。また精神的不安定，不登校，非行，学業不振と貧困が関連している場合もある。家庭の経済状況を尋ねることには心理的な抵抗が伴うが，要支援者の問題への適切な介入や見立てのためには，経済的状況のアセスメントは必須と考える。仮に要支援者が子どもであっても，「あなたやお家の人は，お金のことで困っていることはないかな？」と尋ねてみることが重要である。

3-3　必要となる視点

　要支援者が抱える問題の背景に貧困がある場合，問題の構造はより複雑化し，介入が難しくなる。不登校を例にあげれば，その原因は，幼少期からの家庭全体の生活リズムや学習環境の問題にまで遡り，また家庭内に支援のためのキーパーソンが不在で，保護者との連携による支援が難しいことも多い。

　まず子どもを含め，生活困窮者支援において必要なのは，**アウトリーチ**の視点である。貧困を抱えている要支援者は，支援を必要としながらも，そのことを認識していなかったり，支援を受ける方法を知らなかったりする。それゆえ，支援者自らが要支援者が生活するコミュニティに赴いたり，彼らが集えるような居場所を作ったりして，支援へのニーズを専門職によるサービスと結びつけるといった**ソーシャルワーク**的な働きが重要となる。

　次に，公認心理師法でも重視される，他の**専門職や地域との協働・連携**の視点である（公認心理師法第42条）。子どもの貧困においては，保護者や学校はもちろんのこと，児童相談所，福祉事務所，自立相談支援窓口といった行政機関との連携・協働が重要となる。また全国に広まる**学習支援**や**子ども食堂**の中には，たんなる学習や食事のサポートにとどまらず，居場所の提供や，多様な大人とのかかわりに主眼を置いているところもある。家や学校が居場所となり得ていない子どもたちにとっては，これら地域のリソースを用いた**居場所支援**が有効な場合もある。

　最後に**生活臨床**の視点である。貧困を抱えた子どもとかかわっていると，睡眠時間の少なさ，昼夜逆転，食生活の乱れ，孤食，携帯ゲームやインターネットへの依存等，彼らが生活面の課題を抱え，そのことが心の不安定さと結びついていると気づくことがある。これらは，現代に生きる子どもたちが抱えやすい問題でもあるが，貧困世帯では，家庭全体が機能不全に陥っており，保護者が不在にしがちであったり，家庭自体に生活リズムの問題があったりする。それゆえ，子ども本人に対する生活の改善の支援に加え，家庭全体の生活のあり方を視野に入れたアプローチが必要となる。

3-4　実際の支援（架空事例）

　中学３年生女子のＡさんは，母親との二人暮らしである。中学２年生のころより学校を休みがちになり，３年生になってからは学校に来ない日が続いていた。進路のことで久々に学校に来たＡさんは，担任の促しでスクールカウンセラー（以下，SC）と面談することになった。「とくに悩みはない」と話すＡさんだったが，SC は生活リズムの悪さや制服の臭いに気づき，スクールソーシャルワーカー（以下，SSW）に相談することにした。相談を受けた SSW は家庭訪問を行い，家の中が片付いておらず，ゴミ等が散乱し不衛生であることに気づいた。Ａさんの不登校の背景に生活環境の問題があると判断した SSW は，自立相談支援センターにつなぐことにした。センターの相談員が母親と面談したところ，母親は家賃の滞納等，家計管理に問題を抱えていることがわかった。

　後日，自立相談支援センターが調整役となり，SSW，社会福祉協議会，SC，そして中学校によるネットワーク会議を開催した。その結果，自立相談支援センターが家庭全体の支援プランの作成と関係機関の調整役を，SSW が学校と家庭の調整役を，社会福祉協議会が地域での見守り役を，そして中学校と SC が学校でのＡさんへのフォローを担当することになった。加えて高校進学を見据え，Ａさんに対し NPO が地域で行っている学習支援を紹介することになった。

　その後，家庭に関しては家計の収支のバランスが安定し，Ａさんも学習支援に参加しつつ，学校に行く日が増えてきた。現在も，自立相談支援センターが主となって，関係機関と連絡を取りつつ，家庭全体の見守りを継続している。

3-5　心理職と子どもの貧困支援

　生活困窮世帯の増加や子どもの貧困への関心の高まり，そして貧困が人の心に与える影響を考えたとき，この領域は今後，心理職の活躍が期待される領域の一つである。家庭が貧困であるからといって，子どもが心の問題を必ずしも抱えるわけではない。しかしながら，児童虐待や不登校の背景に貧困があることはすでに知られ，社会から孤立するなどして，行政のサービスや支援の手が

行き届いていない場合も多い。その意味で，貧困を心の問題のリスク要因ととらえ，プロアクティブに（先を見越して）子どもとその家庭にかかわることは，従来心理職が苦手としてきた予防的な観点からのアプローチにつながる。

　一方，貧困は社会構造の問題でもあり，それが変わらない限り，彼らが置かれた環境面の不利は容易には解消され得ない。それゆえ，彼らの抱える不利を理解しつつも，彼らの健康的な側面や彼らがもつストレングス（強み）に着目し，彼らがその不利を乗り越えていけるようにエンパワメントしていく視点も重要である。加えて，環境面の不利が顕在化しないための支援制度やサポート体制の充実を求めて，社会に働きかけていく視点も忘れてはならない。

4　児童虐待の予防を目指した地域づくり——ほほえみプロデュース

山本菜穂子

　数十年前，学生だったころ，カウンセリングゼミの恩師が言った。「今勉強していることは，たとえ，心理の仕事をしなくても，どこに行ってもどんな立場になっても，社会の中で生きている限り，つねに活かせるものだ。」と。

4-1　心理職としてのスタート

　私は現在，青森県の児童相談所の職員である。私が勤め始めた当時は，青森県には心理職採用という仕組みはなく，行政職として県職員になった。そして，心理学科卒ということで，児童相談所に配属になり，児童心理司の仕事を始めた。もともと私の興味は児童心理だったから，児童相談所勤務は描いていた進路のど真ん中！だ。でも，あったのは子どもの味方になりたいという思いだけ。大学で学んだ知識で，十分に実践がこなせるわけはない。ただ，すぐに役立てなくても，そこで育とうという意欲はもっていた。（最近，即戦力になれないということで落ち込む若い皆さんに出会うが，私は今も，基礎知識プラスここで育とうという意欲があればそれでいいのにと思っている。）

　その後，青森県も心理職採用を始めたので，行政職だった私は，児童心理司から児童福祉司へ，そして，2003年度には県の本庁勤務を仰せつかることにな

った。もちろん，公務員として働いている以上，転勤はつきもの。そこで完全に心理職としてのスキルを手放すときが来たのかと，がっかりもした。そのとき，大学時代の恩師の言葉が浮かんだ。私の身についたもの，それはどこに行っても活かせるはずだと。

4-2　新規事業の芽吹き

　結果としては，本庁でその後7年を過ごすことになった。予算要求，議会対応，そんなことをやっと覚えた4年目のこと。青森県には，職員が自ら立案し，知事への直接のプレゼンテーションで承認が得られたら，期限付きで自ら実施できる「庁内ベンチャー」という仕組みがある。その仕組みで**児童虐待を予防**できる取り組みを構築したらどうだと，そんな声が出てきた。児童虐待に関し，早期発見，早期対応は着実に進められている。ただ，2006年当時，予防に関しては，ほとんど手が付けられていなかった。

　統計上は1990年度にはじめて児童虐待が出てくる。青森県でも虐待相談に出会うようになり，1996年度，当時所属していた弘前児童相談所では，職員同士でよく予防について話をしていた。発生した虐待問題に対処しているだけではそのうち職員は疲弊してしまう，と。そして1997年度，自主研究活動として，管轄地区内約1,000人の保護者にアンケート調査を行った。虐待に関する意識調査の設問以外に，「虐待をしている保護者をどうしたらいいか」等の自由記述を求めたところ，約1割が，保護者の精神的なゆとりのなさについて言及していた。そしてその解決に向け「望むときに望むだけの援助をもらえるような地域がほしい」と，**受容的な地域社会**の構築を望んでいた。でも，その後，虐待はうなぎのぼりに増え続け，世の中は地域にそのチェック機能ばかりを期待していったように思う。「あのときアンケート調査で託された多くの思いとは方向が違う」，そう思いながらどうすることもできず，私もその後10年を過ごしてしまっていた。

　そして，2006年度。アンケート調査の結果や児童相談の現場で感じていたものにやっと向き合えるチャンスが来たのかもしれない。ほしいのは，失敗した

ら責められる環境ではなく，**安心して失敗できる環境**，そして傷の浅いうちに**やり直しをさせてもらえる環境**。つまり，子育て中の家族が「**孤立せず**」，「**精神的ゆとりを持ち**」，「**安心して SOS を出せる**」人とのつながりである。だとしたら，それは専門機関が何か対応していれば済むのではなく，県民の多くがこの問題に理解と関心をもち，協働する必要がある。具体的には，何をしたらいい？　いろいろな考えが巡り始めた。これが，私が本庁に来た意味なのか。

4-3　青い森のほほえみプロデュース

　ある新聞記事が思い出された。「笑い療法士の養成始まる」。寄り添って笑いを引き出す人を養成している医師がいると。その高柳和江先生（当時，日本医科大学准教授，現笑医塾塾長）に連絡を取り，力を貸してほしいとお願いした。

　高柳先生は快く引き受けてくださった。そして，「**ほほえみの 7 か条**」として，自らがほほえみ，周囲からほほえみを引き出すための七つのポイントをまとめ上げてくれた。そのほほえみの 7 か条を多くの県民と共有し，日常生活での実践を得て地域のコミュニケーションを変えていく。それが虐待予防のポピュレーションアプローチ「青い森のほほえみプロデュース事業」（以下，ほほえみプロデュース）であった。

　「ほほえみの 7 か条」の内容について少し触れておく。7 か条は，自らがほほえむことと，周囲をほほえませることの両方を目的にしている。それらを約 1 時間の講習で伝えていく。まずは，自らを好きになるところから始まる。そのために講習内で自分のよいところを見つけ（第 1 条），相手のよいところを伝える（第 2 条）ワークを行う。そして次に苦しいときにほほえむための方法として，たいへんさを分かち合うこと（第 3 条），視点を変えてリフレイミングすること（第 4 条）を示す。次に，苦言であっても相手の笑顔を消さずに伝えるために，ポジティブな言葉で苦言をサンドイッチする方法（PNP）（第 5 条），「私」を主語にして愛情をこめて視線を合わせて話す方法（I・愛・Eye メッセージ）（第 6 条）を示し，最後には，感謝しよう（第 7 条）で締めくくる。

　虐待の背景には孤立があると言われている。自己肯定感が低く，周囲を敵の

ように感じてしまう傾向をもつ人も多いだろう。孤立させない地域づくり。怖がらせず，無理やり心をこじ開けず，自己肯定感を高めながらゆっくりと安心して開いてもらうには時間がかかる。だからこそ，常日ごろからの地域づくりが必要である。気がついたときに早期発見のためのチェックマンばかりの地域になっていたら，息苦しくて仕方ない！ そんな地域には住みたくない。付け焼き刃でないことを地道に始めておかないと間に合わない。それがこのほほえみプロデュースを始めたときの心理職としての背景をもつ私の思いだ。そして，この「ほほえみの7か条」はきっと役に立つ，そう考えていた。

4-4 県民との協働

　全国でも前例のない取り組みが，知事の大英断でOKが出て始まった。「ほほえみ」というほのぼのと温かいイメージとは程遠い真剣勝負の数年だ。

　まず，一緒にほほえみの講習をしてくれる講師を養成することからだ。県民と歩むため，一般公募した。そして，高柳先生が自ら講師となり，県としては異例ともいえる朝から晩までの宿泊研修等を行った。私自身も受講生になり，一方で事業の主担当者として全体の流れを見ていく。ここで，私が心に留めたのは，参加した県民の安全だった。受講生は，自らが虐待のサバイバーである可能性があったからだ。虐待予防の取り組みに関し，その講義や実習の内容で虐待がテーマになることは必然だ。その際，参加者のトラウマ反応の出現にはこの事業担当者唯一の心理職としての自分が目を凝らしていなければならない。そう思っていた。参加者も含め安全を守るための事業だから。

　延長も含め3年という事業期間が終わるとき，講師となった仲間たちが，この取り組みを続けたいと言ってくれた。県民との協働，それはじつは，壮大な仲間づくりのことだったと思っている。けっして仲間を自分の手柄のための道具にしない。仲間を傷つけさせない。当たり前のように聞こえるけれど，**誰のために何をしているか**をつねに意識してぶれずに進むこと。そんなことを覚悟をもって愚直に続けてきたから，信頼が得られたとそう思っている。

4-5　心理職としての attitude

　ほほえみプロデュースは，ポピュレーションアプローチである。心理の専門職にとってその内容は，浅薄に見えるかもしれない。しかし，現在，ほほえみプロデュース事業は，県を離れ，協会を立ち上げて10年を超え，受講者も50,000人を超えた。目指すものはずっと変わっていない。そして，講演依頼は絶えることがない。おそらく伝えるその中に真理があるからだと思っている。

　心理職だからこその着眼点，心理職だからこその見立て，心理職だからこその配慮，心理職だからこその……。あなたは，あなたのその力をどこで活かすか。どこにいても，どんな立場でも，できることがあるのだとそう思っている。

❖考えてみよう
・100万人以上いるとも推計されるひきこもりの問題において，心理職は地域の中でどのような役割が期待されるでしょうか。（齋藤）
・多職種の間で当事者の支援方法に異なる意見が出たとき，何を優先するべきか。（松山）
・生活困窮者に対するバッシング（根拠のない非難）はなぜ起きるのか，社会（または自分）がもつ生活困窮者のイメージを手がかりとして考えてみよう。（吉住）
・専門性のあるなしも含め様々な関係者と連携するために，大切なことは何だろうか。そもそも連携するとはどういうことだろうか。（山本）

📖もっと深く，広く学びたい人への文献紹介
　　一般社団法人　日本臨床心理士会（監修）（2017）．ひきこもりの心理支援──心理職のための支援・介入ガイドライン──　金剛出版
　　　　☞本書の前半はひきこもり問題の理論的整理がされており，後半には支援の実際と課題について幅広く取り上げられている。（齋藤）
　　髙橋　依子・津川　律子（編著）（2015）．臨床心理検査バッテリーの実際　遠見書房
　　　　☞乳幼児期から高齢期まで，様々な臨床場面でのアセスメントについてフィードバックに至るまでを事例をあげて解説されており，非常に参考になる一冊。（松山）
　　阿部　彩（2008）．子どもの貧困──日本の不公平を考える──　岩波新書
　　　　☞子どもの貧困問題に注目が集まるきっかけとなった著書。子どもの貧困と

は何か，不利の連鎖を抑止するために何が必要かについて記してある。
　　（吉住）

団 士郎（2013）．対人援助職のための家族理解入門——家族の構造理論を活かす
　　—— 中央法規出版
　　☞時代が変わっても，どこで仕事をするにしても，家族理解の力は役に立つ。
　　（山本）

引用・参考文献

1 節
厚生労働省（2010）．ひきこもりの評価・支援に関するガイドライン
内閣府（2011）．ひきこもり支援者読本
境泉 洋・野中 俊介（2013）．CRAFT ひきこもりの家族のワークブック 若者が
　　やる気になるために家族ができること 金剛出版
2 節
なし
3 節
厚生労働省（2016）．平成28年国民生活基礎調査の概況
4 節
なし

第11章 心理職業務への自己視点と他者視点からの考察
——心理職の内と外

前田由美子・緒方優子・北村由紀恵・原谷直樹・
相原加苗・宮﨑義博・三原敏孝・宝本美穂

> 本章の1節では，4人の心理職が「アセスメント」「トリートメント」「コミュニティ・アプローチ」という臨床心理学の3要素に照らし合わせる形で，自身の業務を紹介してくれている。職場のウリや長所といったセールスポイントといえるものから，日ごろはあまり語られない手薄な側面についても率直に整理している。
> 2節では，日ごろ，心理職と連携している4人の他職種の立場から，心理職に求めることを書いてもらっている。筆者自身が心理職なので率直に言って，期待されていることの大きさに背筋が伸びる感じがする。求められ得るから期待されるのであり，とくに心理職としての業務のありようを考えるうえでの貴重な考察となっている。
> （宮井研治）

1 臨床心理学の3要素（アセスメント，トリートメント，コミュニティ・アプローチ）に照らした業務の整理

1-1 心理職の立場から①母子保健での発達相談　　　前田由美子

どんなことをしているのか

　私が所属する母子保健担当課での業務は，アセスメントとコミュニティ・アプローチにかかわるものが多いので，そこを中心に書きたいと思う。

　母子保健では，子どもの発達の遅れの早期発見と早期支援や，育児支援のた

めに幼児健診を行っている。その健診で精神発達面の経過観察になった親子を対象に保健師と連携して**発達相談**を行う。保護者は，言葉の遅れなどの精神発達の遅れや，聞き分けがない，呼んでも振り向かないなどの行動面の特徴に気がつき始める一方で，3歳まで待ちたいとか，まだ小さいからと相談に応じにくい場合がある。そういった人たちに対して何のために発達相談を行うのか。検査をしても，子どもの発達の遅れが解消するわけではなくて，むしろ発達の遅れを明確にして親をより不安にさせてしまうのではないかと思うと，発達相談の仕事は嫌だった。何もできない無力感というと大げさだが，相談に来ても根本的な何かが解決するわけではないと感じていた。

　今でもこれでいいのかなと思うことはあるが，発達相談で子どもの発達の様子と保護者が向き合うことが始まりだと考えるようになった。だから，心理職として発達相談に来た親子とのはじめての出会いを大切にしなければならないと考えている。

伝える工夫

　発達検査によるアセスメントは，発達相談で大事な客観性の部分である。保護者に，子どもが検査場面で取り組んだことについて，それがどういう**発達段階**なのか，うまくいったこと，できなかったことにどんな意味があるのか，を説明する。たとえば「言葉が出ていない」という事実について，なぜ言葉につながらないのかを，検査を通してわかった子どもの理解の仕方の特徴を交えて保護者に話す。客観的な事実を保護者が理解しやすい言葉で，ショックを受けるだけでなく前向きになれるように伝える。子どもの発達の特徴を目の当たりにするのは，つらい反面，うまくいかないと思っていた子育ての理由が少しわかり，前向きに子育てできるようになることもある。「普通に育ってほしい，追いついてほしい。」という親の気持ちを受け止めつつ，発達の遅れや特徴と向き合い，今できることを考えてもらえるように伝える中で，「遅れていてはだめですか？」と質問されたことがある。発達相談はいいか悪いかを考えているのではなく，子どもの特徴に合わせたかかわりができ，親子が孤立せず生活を送れるように支援する場であると思う。遅れがあってもなくても，楽しく，

子どもが困らずに生活できるとよいのではないだろうか。

　保護者は，障害や発達の遅れを行きつ戻りつしながら受け入れていくので，理解できたからよい，できないからだめだと保護者を評価せず，雰囲気や理解度に合わせて伝える工夫が必要である。

つなぐこと

　発達相談では特徴や手立てを説明するが，日々の生活を見ることができない。私が今の職場で十分できていないトリートメントの部分である。そこは地域の保育所や療育機関などの地域資源とつなげていくことでカバーする。つながっていくためには，発達相談で保護者に子どものことがわかって，来てよかったと思ってもらう必要がある。相談で納得がいかなければ，その内容を誰かに伝えようとは思わない。つなぐためにも，心理職が，発達相談を通じてわかった本人の特徴やかかわり方を「発達障害です」といったことではなく，「○○が得意ですが，△△は苦手です。××したらうまくいくことが多いです。」という説明をするとよいと思う。ゆくゆくは保護者自身ができるようになったらいいのだが，まずは心理職が保護者に代わって情報提供をするとよいのではないだろうか。このようなことが，保育所や療育機関など**他職種と連携**して，親子を支える人を増やすきっかけになると思う。

　発達相談でこうすればいいという正解はないと思うが，保護者と一緒に考えていくという姿勢と日常生活への想像力，発達や遊びに関する知識をもって親子に誠実に向かい合うことは大事である。そして発達相談で出会う心理職が，保護者にとって困ったときや不安なときに相談できる「**並走者**」というイメージであってほしい。

1-2　心理職の立場から②児童養護施設における心理面接　　　緒方優子

　児童養護施設といっても施設ごとに性格は異なる。たとえば入所児童定員が多いか少ないか，生活単位が小舎制か大舎制か，職員の男性と女性の割合，施設の立地場所によっても生活の雰囲気は変わってくるであろう。そういった雰囲気のもとで日々の生活は成り立っており，そのうえに心理職の動きが出てく

ると私は考える。したがってその施設の性格によって施設内心理職の動きも変わってくるわけである。こういった理由から，施設内心理職がその業務について最初にすべきことは，自分が勤める施設の性格をできる限り理解するように努めることではないかと私は考えている。

　今後，児童養護施設へ勤めようと思う人も現在勤めている人も，ご自分がいる施設の性格を考えたうえでそれぞれの業務をつくっていく姿勢がもっとも大切であり，私が自分の施設で行っている業務のやり方が一番よいとも思わないが，それぞれの施設での業務を考えるうえで，私の経験が一つの参考になればと思って，以下に当施設における心理職の業務のあり方について述べる。

　複数ある業務の中でもとくにここでは主な役割である**入所の子どもへのアプローチ**について述べる。

　まず児童養護施設への入所は，児童相談所によるアセスメントの結果によって措置が決定される。そのため当施設では入所が決まると，児童相談所担当者と当施設担当者（生活担当職員，家庭支援専門相談員，心理職）とでその子どもについての情報を共有する**カンファレンス（コンサルテーション）**を行う。ここでまず生活の視点，家庭支援の視点，心理の視点から子どもの状態を理解し，居室，保護者へのかかわり，個別心理面接の必要性等について検討する。できるだけ多角的な視点から検討することがよりよいケアにつながるため，ここでは子どもの状態を心理面から解説し，生活の中でできること，保護者への働きかけからできること，個別心理面接でできることを考えることが心理職の役割と考えている。同時にこういったカンファレンスを通して，それぞれの職種によってアプローチは違うが目的は同じであるということを確認することもできる。方法は違うが同じ目的に向かっていると信じられることがよいチームワークの第一歩である。こうして入所してくる子どもを迎え入れる態勢をつくる。ここからすでにトリートメントは始まっている。まず**生活の場**を少しでも心地よい安心できるものに整えることが，トリートメントの最優先事項である。

　そして私は入所してから1か月は**個別心理面接**は行わない。それは生活に馴染むことを優先すると同時に，生活担当者視点から子どもの状態をアセスメン

トしてもらうことも重要だと考えているからである。1か月後にカンファレンスを行い，生活担当者と子どもの状態について確認し合う。生活が整うことによって回復できる子どもも多い。しかし生活が安定したからこそ自身がもつ困難さが現れてくる子どももおり，その場合には個別心理面接やプレイセラピーが必要と考え実施する。

　この個別心理面接が心理職としての直接のケアと言えるが，施設内心理職としてそれ以上に重要と考えていることは，個別のかかわりを通して得た子どもの状態を，生活担当者と共有することである。子どもがどこで困難さを抱えているのか，どういった力をもっているのかといったことを共有できると，生活の中でのかかわりに生かされ，子ども自身が少し生きやすさを感じることができると思われる。毎日の生活の中で生きやすさを感じることができることは，個別心理面接場面で子どもの表現の広がりなどとして見えてくる。そしてそのことをまた生活担当者と共有するとまた生かされるという，**よい循環**をつくっていくことができる。

　このように生活の場の中にある施設内心理職だからこそ密に生活の場との連携をつくっていくことができ，**生活の場**と**心理の場**をリンクさせたケアができる。つまり生活の場，心理の場を通してアセスメントとトリートメントを繰り返し，それが循環となるように意識して働きかけることが児童養護施設における心理職の業務と考える。その**循環**が施設全体に広がり，さらに保護者や学校など子どもたちの関係する人々へと広がって，全体として子どもを守り育てていく輪となることが最大の目標である。

1-3　心理職の立場から③市の子育て相談　　　　　　北村由紀恵

　私の働く市役所のこども相談課こども家庭相談係は，子どもとその家庭に関する相談ができる「こども総合相談窓口」となっている。こども専用フリーダイヤルも設置されており，18歳未満の子ども本人も相談することができる。そういった市民からの相談機関である同時に，市の児童虐待の窓口でもある。

　この係では福祉職と心理職が働いており，心理職の仕事は電話相談や面接の

191

中での心理的援助が主なものとなっているが，とくに子育てに悩む母親や家族を支援することに焦点を当て心理相談を行っている。具体的には，電話相談，個別相談（親子並行面接を含む），グループ面接という形で援助を行っている。

アセスメント

この窓口に相談に来るクライエントの主訴は「子どもとうまくいかない」ことである。つまり私たちの心理的援助の目的は親子関係の改善ということになる。親子関係を扱うためのアセスメントは2種類あると考えられる。

一つは**個人のアセスメント**で，母親，子ども，他の家族のそれぞれのアセスメントである。たとえば子どもの発達の特性が母親の育児を困難にしている場合や，逆に母親の疾病や障害のために子どもに合ったかかわりをすることが難しいという場合もある。もう一つは**関係性のアセスメント**である。親子の愛着関係がどのように育っているのかを見ることはとても重要である。また親子の関係だけでなく夫婦の関係や実家との関係も子育てに影響する。とくに親自身が虐待を受けて育った場合には，夫婦関係・親子関係を築いていく中で大きな影響を与える。

また，アセスメントに加えて家族をサポートする資源があるのか確認しておくことも大切である。

ケ ア

子どもが健全に育つためには母親自身が安心して子育てできることが大切である。母親たちは「いい母親でありたい」という気持ちをもっている。しかし子育てには正解もなく，評価をされることも少なく，達成感を感じることも少ない。「うまくいかない」と自分を責めたり，「子どもをかわいいと思えない」と否定的な感情も生まれてくる。個別面接の中ではそういった正直な気持ちが告白されたり，実際に手が出てしまう話が出ることも少なくない。母親は語ることにより気持ちを整理し，自分の状況を客観的に見ることができるようになる。子育てを振り返る作業をしながら自分の生い立ちについても振り返り，自分と親との関係が整理されていく場合もある。心理面接では母親の**語りを大事**にし，**気持ちに寄り添い**ながら，子どもの安全を守り親子関係にアプローチし

ていく。

　ただし，実際に虐待が起こっているとわかった場合には福祉職と**連携**することが必要である。福祉職は親子を適切なサービスや支援につないでいく役割をする。また要保護児童として関係機関のネットワークで親子を見守り援助できるように計らう。福祉職は日常生活の中の子育てをサポートし，心理職は母親の気持ちを支えながら内省を深めていく役割を担っていると言える。

　また，年に２回行っている母親グループは参加者同士互いに共感しながら子育てについて学んでいける場となっている。

コミュニティ・アプローチ

　地域の子育て支援センターが主催する子育て講座の講師を年に数回務めている。母親たちが安心して子育てできることが第一の目的であるが，支援センターという場所につながること，他の参加者とつながることや心理相談につながることも目的に含まれている。その他にも，センターの保育士たちに対して傾聴講座，コンサルテーションも行っている。

　市の相談窓口の心理職として，面接はもちろんのこと他職種と連携していくことや，地域に開かれた心理支援も求められている。

1-4　心理職の立場から④児童相談所での経験　　　　　　原谷直樹

　私は地方公共団体に勤務する12年目の心理職であって，児童自立支援施設に３年，知的障害者更生相談所に５年，そして児童相談所の児童心理司をして４年目になる。

　ここでは特定のケースの話をするのではなく，複数のケースに共通するエピソードを抽出して記述することにする。児童相談所では次のような場面によく出合う。性加害のため数週間の一時保護を経た子どもが，いざ母子面会という場面である。母親と学校の教師がその場にいる。児童福祉司から「これからどうする？」と尋ねられた児童は固まってしまう。長く沈黙が続く。「○○君聞こえる？」と私が声をかけると，本人が少し顔を上げる。「今回さぁ，一時保

護所で，いろいろと勉強したやんか。一つは性行動のルールというのを学んだよね。どんなルールだったかな。」本人から，見ない見せない触らない触らせない，他人に不快な行動をしない，という一時保護所で繰り返し復習した五つが言える（Bonner, Walker, & Berliner, 1991；藤岡，2006）。この発言がその場での本人のはじめての発声となる。「そうだね。○○君が違反したのは，どのルールだったかな。」本人は違反したルールを言えた。性的な関心をもつことは悪いことではないが，今回被害者に嫌な思いをさせたのが悪かったことを確認。これからストレスがたまって，性的な関心が高まったときにはどうするのか，体操や深呼吸をするという対処を確認した。「ここまで来たね」と私は本人と**経験**した作業を確認する。親や教師の前で，これだけのことを言えた後に，これから学校に行くかどうかを尋ねられた彼は「学校に行く」と言える。このような場では，「学校には行けない」ということも十分言える場であることが大切である。また，話された**内容よりも，どんな声で，どのように伝えられたのか**ということが大切であると思う。このような面会を経て，**一時保護**が解除された後には，しばらくは登校も，**児童相談所への通所**も，継続することができる。そして，しばらくすると，つまずく場合が多いが，そのたびに，本人の本心を聴き，周りの調整を行うことを続けていくのである。

　児童心理司としてのこれまでの4年間を振り返ると，一つには，児童に言えるようになってもらうことを支援することであったと思う。何が言えるようになることを目指すのか，それは，まずは，親の前で言えないことを言えるようになることであり，最初は，これまででたくさんの言えなかったことを聴いていく。それは多くの場合，たくさんの怒りであり，悲しみであり，寂しさであり，わかってほしかったことである。これは私自身も常日ごろ実感していることであるが，つらいことや，言えないことがたまると，心身ともに大変きつい。ところが，しかるべきときにしかるべき人に聴いてもらうだけで，かなり元気になるし，自分自身が本来やりたかったことに取り組めるようになる。

　子どもの場合，繰り返し殴られた経験をしていても，それが「つらい」という感情を認められる経験をしていないことが多く，**感情を言葉にする作業**をと

もにし，そうした「つらい」と感じていた自分を認められる経験を重ねていく意味は大きいと思う。面接では，その場で親をイメージしてもらって，これまで言えなかった親への気持ちを言葉にしていく。親への気持ちが激しい怒りであっても，それを十分に**言葉**にしてもらう。一時保護所内では一人になることができる空間で書いてもらうこともある。言葉の内容よりも，声や表情，行動の方が，本音が見えやすいように思う。

　家族の中で，子どもは弱い立場であることが多い。離婚や死別で親を亡くすなど，様々な家庭環境の変化の影響を子どもがもっとも強く受けていることがある。「たいへんな中で，いろいろと一所懸命やってきたんじゃないかなっていうのが伝わってきました。」と面接の中で本人に伝えると，「それは，ありがとうございます。」と，丁寧にお辞儀をしてくれる子どもがいる。

　日々の実践を続ける中で思っていることは，かかわる子どもに，少しでも**自分は大事にされているという経験**をしてもらいたいということである。そして，その経験をベースに，本人が**本心からの選択**をして，実際に成長していくことに，本人のもつ力の凄さを感じる。それは，人間のもつ力の凄さでもあると思っている。

2　他職種から心理職に求めること

2-1　児童精神科医の立場から　　　　　　　　　　相原加苗
　ここでは，福祉機関の中で児童精神科臨床を行っている医師の立場で，心理職に期待することを考えたい。なお，医師も心理職も所属する機関によって与えられた役割は異なるため，前提として自身の役割を理解したうえで，参考にしていただけたらと思う。
　心理的アセスメントと心理療法
　心理職の職務は多様であるが，代表的なものに面接や検査による**心理的アセスメント**と**心理療法**の実施がある。心理的アセスメントにもとづく心理所見は，診断の根拠となる資料にもなりうるため，客観的記述と見立てに至った根拠を

記載することが基本になる。そのうえで，心理所見がクライエントの日常生活を想像できる内容であることを期待する。たとえば，児童精神科臨床では知能検査を実施することが多い。この際，ある領域が同じ数値であったとしても，課題をマイペースにこなすのか，落ち着きなく行うのかによってその子どもの見立ては異なってくる。些細なことであっても本人らしさをとらえた記述があると，医師が診察ではうかがい知れなかった日常生活の困難を理解できることがあり，より実生活につながる支援を行うことが可能となる。

　心理的アセスメントでは，最低限の精神症状の評価や鑑別診断，薬剤の効果・副反応の知識をもつことも必要だ。明らかに身体因性の精神症状をもつクライエントには心理療法より身体的治療が優先されるし，精神疾患の急性期は子どもであっても薬物療法が優先されることが多い。宮岡（2018）は，心理職が**精神科的鑑別診断**を考える際，最初に身体因性，次に統合失調症など明確な病因が不明である内因性，最後に性格・環境因性の順で進めることを提案している。子どもの精神症状を考える場合は，それに発達という縦断的な視点も加わる。たとえば，学童期に強迫症状を認めた子どもが思春期に統合失調症を発症することは，臨床的にありうることだ。また，発達障害の特性とアタッチメントの問題を有する状態像は類似しており，生育歴を聴取してもはっきりと鑑別できない場合もあるため，縦断的な経過の中で慎重に評価を繰り返す必要がある。

　心理療法については，そもそも導入が必要な状態であるか否かという評価が前提にある。そのうえで実施する際には，手慣れた技法をクライエントに適用するのではなく，クライエントの状態に応じた技法を選択することが基本になる。実生活との調和が取れていない心理的支援は，クライエントやその家族に不可逆の悪影響を及ぼす可能性があるため，つねに実際の生活の変化や周囲の調整状況を把握することを意識する必要があるだろう。

多職種との連携

　最後に多職種との連携について述べたい。すべての職種において**多職種連携**を行う際まず必要なことは，自分の所属機関で与えられた立場や役割を正しく

知り，自身ができること，できないことを知ることだろう。そのうえで役割分担を明確化し，共通言語で話すことを心がけ，職種を超えた大変さを互いに慰労する必要がある（田中，2009）。医師との連携が必要な場合，最低限の医療ルールを知っておくと円滑に進められる。医師は，患者に対して法的に明確な個人的責任をもち，患者の個人情報の守秘義務を最優先とする。このため，虐待などの特別な事情以外は，患者の同意なく他職種と情報を共有したり電話で対応したりすることはない。また，一つの診療科について複数の医療機関を長期に受診することは，原則は禁止されている。最近の児童精神科診療では，支援者からの紹介で初診に来る人が多い。この場合，診療の動機づけが支援者からどうなされたかによって，その後の診療が円滑に進むか否かが決定する。支援者が診療に対して望むことがあれば，診察に同伴していただくか，文書を添付していただくと誤解が生じにくい。以上，臨床に携わるうえで心理職に期待することを述べたが，これらの視点は筆者も含め医師の側もつねに意識しておく必要があると感じている。

2-2　作業療法士の立場から　　　　　　　　　　　宮﨑義博

　発達領域にかかわる作業療法士（以下，OT）の特徴は，解剖学，生理学，脳科学等，身体感覚・運動機能の視点から主訴の原因を探ることである。そして児童の興味，関心，特技などの強みや能力の段階を考慮し，児童が主体的にかかわることができるような作業活動を提供し，児童自らが発達していく過程を支援することである。

　近年，人の感情や相手の気持ちの理解の過程を，**身体感覚・運動機能**や脳機能から解釈しようとする研究がさかんである。2018年，主観的な感情の身体地図（Maps of subjective feelings）が発表され，怒りの感情は身体の拳の感覚などと，笑いは腹部の感覚などと，愛は胸部の感覚などと関連している，といったように人の感情が身体感覚と関連していることが明らかにされた。また，リゾラッティとシニガリア（Rizzolatti & Sinigaglia, 2006 柴田訳 2009）がミラーニューロンを発見して以降，模倣行為により相手と自己の身体を呼応させることで，

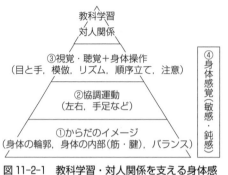

図 11-2-1　教科学習・対人関係を支える身体感覚・運動機能

相手の意図を理解しようとするプロセスが注目されている（もちろん模倣行為だけで相手の意図理解ができるわけではないが）。感情，心理面の課題の原因が身体感覚・運動機能にあると，因果関係が解明されたわけではないが，何らかの関連があることは数々の研究から示唆されている。

　対人面，学習面の課題のベースに身体感覚・運動機能が関係しているというOTの視点を図11-2-1にした。

　登校が困難な児童に対し，アセスメントを実施すると，児童一人ひとりによって，様々な原因があることがわかる。身体機能が不器用で，自分が思うように課題をこなせず，段取りよく準備片付けができない児童A（主に図の①②③が原因）。触覚過敏があり，人との接触を嫌がり，制服を着ると疲れてしまう児童Bや，聴覚過敏があり，教室の中に入れない児童C（主に図④）。不注意があり，友だちにぶつかったり，ルールが守れなかったり，周りの人の様子をあまり見ずに発言してしまう児童D（主に図③）。やればできると思われ叱咤され続けているが，じつは姿勢が安定せず，スムーズな眼球運動が困難で，手先が不器用なため読み書きが困難な児童E（主に図①②③）。

　このように登校が困難な原因は多様であり，OTは個々のアセスメントに応じた介入を行う。

　児童の**強み**や能力の**段階**を考慮しながら，児童が**主体的**にかかわれるように工夫したオーダーメイドの作業活動を提供する。前述の児童Eが，マリオのゲームに興味があり，人を助けることが好きであれば，『マリオ救出大作戦』と称し，ブランコに乗りながら，おぼれているマリオを助けるといった遊びを行う。もちろん，児童の身体感覚・運動機能，認知機能，心理面，情緒面などの段階に対しては細かい配慮を行う。主体的に作業活動にかかわる中で，児童の

姿勢調節や眼球運動能力は飛躍的に伸びていく。児童の身体感覚・運動機能の困難さが軽減することで，教科学習や対人関係において改善がみられ，登校への自信が回復することもある。

　心理職のこれまでの視点に加え，身体感覚・運動機能からの解釈，児童の強み，能力の段階を考慮した児童が主体的にかかわれるような工夫などの OTの視点をぜひ取り入れていただきたい。より効果的なアセスメント，支援を行えるものと考える。

2-3　児童福祉司の立場から　　　　　　　　　　　　　　三原敏孝

　児童相談所は18歳に満たない子どもに関するあらゆる相談に応じることになっており，児童福祉司，児童心理司，保育士，児童指導員，医師，保健師，看護師などの専門職が働いており，児童福祉司が社会診断，児童心理司が心理診断，保育士や児童指導員が行動診断，医師が医学診断をそれぞれ行い，その結果を持ち寄り協議して援助方針を決定する。児童相談所は**チームアプローチ**なくしては仕事が成り立たない職場である。

　チームアプローチをうまく進めるには，自分と異なる専門職の役割や考え方をある程度理解することが大切である。たとえば児童相談所に勤務する心理職であるならば，**ソーシャルワーク**の知識や視点をもっていることが必要となる。しかし，福祉職の役割をすべて担う必要はないと思う。他の専門職から何を求められているのかを自覚したうえで，自らの役割を確実に果たすことが非常に大切であると考える。

　児童福祉司は子どもや保護者などからの相談を受理し，必要な社会調査などを行い，支援方法を検討し，必要な助言や指導を行ったり，親子関係の調整や，福祉サービスの調整を図ったりすることを主な仕事としている。もちろん児童福祉司も子どもと面接するのであるが，保護者との面接，学校や児童福祉施設など関係機関との連絡調整などの業務の割合が非常に多いのが実情である。そのため，子どもと直接かかわる時間が十分に取れないことがある。児童福祉司の立場からすると，心理職には心理検査をすることはもちろん，子どもからじ

っくり話を聞いてもらえるのではないかとの思いがある。また保護者や関係機関と直接つながっていない中立な立場で面接できる心理職への期待も大きい。

　児童相談所は児童にかかわる相談のうち専門的な知識および技術が必要なものを担うこととされており，もちろん児童福祉司も専門性を有していることが必要である（この点は2017年度から児童福祉司任用前研修，任用後研修が義務化された）が，児童相談所の専門性の中で，**心の専門家**としての心理職の専門性への期待は心理職が考えている以上に大きい。もちろん市町村の児童相談部門にも心理職が配置されていることもあるが，それでも児童相談所の心理職の技術や知識，経験に対する期待は大きい。たとえば保護者も児童福祉司が助言するより心理職からの助言の方が受け入れやすい場合もあるし，施設入所中の児童に関しての支援で，困難なことが生じた場合も心理職と一緒に動くとスムーズに進む場合が多いことを経験する。

　また，児童相談所では**自らニードを示さない子どもや保護者**への対応を求められることも多い。たとえば非行がもとで一時保護となった児童，虐待が疑われ児童相談所が介入することになった子どもの保護者などである。しかし自発的に相談に来ていなくても福祉上のニードがあるケースが存在する。たとえば虐待の疑いで一時保護されたことで児童相談所の関与が開始され，当初は児童相談所の介入に反発していたが，話を聞いていくと子育てに悩みがあったり，子どもに発達障害があり対応に困り果てた結果が虐待につながっていたというケースは数多く経験する。こういった**虐待相談**の保護者への対応は児童福祉司が中心となって進められているが，心理検査の結果説明や助言などで心理職も保護者にかかわることは多い。相談する意欲が乏しいケースであってもチームの一員として積極的に関与してほしいと思う。心理職の説明で保護者がこれまでの養育の問題点に気づいたりすることができ，問題解決に進むことも少なくない。説明の際にはできるだけ専門用語を使わず，わかりやすく丁寧に行うことが必要である。対応についての助言はできるだけ具体的でかつ家庭や学校，施設などで実践可能な内容であることが望まれる。また，近年は**発達障害**に関する相談を受ける機会も多い。発達障害についての基本的な知識や支援方法な

どについては必ず身に付けておいてほしい。

　児童福祉司と児童心理司等の心理職は車の両輪のような関係で，どちらかが欠けてもうまく進まない。私たち児童福祉司にとって同じ職場に心理職がいることはとても心強い。支援が難しいケースにも対応することができる。近年児童相談所は児童虐待への対応ばかりが注目されるがじつに様々な相談を取り扱う。心理学を学んだ人が，一人でも多く児童相談所の仕事に関心をもっていただければ幸いである。

2-4　弁護士の立場から　　　　　　　　　　　　　　　　宝本美穂

　児童心理司と児童相談所の業務を通じてはじめて一緒に仕事をしてから，2019年度でちょうど丸10年になる。その後，昨年度からは学校現場に臨床心理士と一緒に赴き，相談を受けることにもかかわるようになった。

　このような経験から，私が心理職に求めることとしては，「**他の専門職からは見えない新たな視点での意見**」であると考える。以下，それぞれの現場で感じたことを述べる。

児童相談所での会議において

　この10年，私がかかわっている児童相談所では，児童心理司も児童福祉司と一緒に日常の会議に入り，ケースの見立てや今後の方針について，意見を述べている。児童福祉司はもちろん，子どもの安全を守るために議題に上がっているケースを様々な角度から検討し，当該家庭にどのような支援をすれば子どもの最善の利益を図ることができるのかを考えるが，ケースに近いからこそ，ともすれば出口が見えず，身動きが取れなくなることもある。また，弁護士も法的観点を中心に考えることから，現実的にできうることを考えるあまり，子どもの気持ちがおいてけぼりになることもある。そんなとき，とくに子どもと面接をした児童心理司が，面接の際の子どもの発言，表情等から，じつはこんなことを気にしているのではないか，こういうところがしんどいのではないかと，児童心理司としての見立てを伝えてくれると，行き詰まっていたケースが動き出す。

このように，児童心理司としての他に代えがたい視点は，会議においても非常に有用である。児童心理司も会議に入り，積極的に自分の見立てを発言してほしい。

児童相談所の裁判において

児童相談所の代理人として，当該児童の施設入所や里親委託の承認を求める児童福祉法第28条の申立てや親権停止，親権喪失の申立てを行うこともある。その際，弁護士は申立書を作成し裁判所に提出するが，申立書以外に証拠も付ける。証拠は，ケースの概要を記載したものや関係機関からの情報，一時保護所での子どもの様子，そして，児童心理司が作成する心理所見等がある。とくにネグレクトの案件では，身体的虐待とは異なり，傷が目に見えないことから，心理所見がとても重要な証拠となる。もっとも，子どもの心理状態の現状だけを記載したものや，結論だけ記載したものでは，どのような事実を踏まえて心に傷を負っていると言えるのかがわからないことから，その根拠となる事実等とともに記載をしてもらうことになる。

弁護士は心理についてはまったくの素人であることから，素人でもわかりやすい，読んで納得させられる心理所見に出合うと，それだけで申立書を書くスピードも上がり，裁判でも認められやすくなる（と，少なくとも私自身は感じている）。自分自身の心の傷をうまく伝える言葉をもたない子どもも多い中，その子どもたちの心の声を代弁するのが，児童心理司職の醍醐味であり，裁判で提出する証拠作成にも求められることであると考える。

学校での相談において

昨年度から，小・中学校に臨床心理士と一緒に赴き，学校現場での様々な問題について相談を受けている。

弁護士の仕事は過去にあった事実をもとに，どのような請求ができるのか，逆にどのような請求には対応しなければならないのかを考えることが中心となることから，まず事実の聞き取りを行う。ここでの中心は，具体的に何があったのか，どのような対応をしたのか，どのような発言をしたのかになる。

学校現場での聞き取りも，弁護士が行うとこのような観点からになるが，臨

床心理士は，相談者がその事実をどのように表現をするのか，保護者や児童生徒がどのような言動をしたのか，そのときの心理状態はどのようなものだったのかに着目をして聞き取りを行っている。そして，その聞き取りの中から，お互いの関係性や一番の問題点，どのようなことを気にしているのかを探り，調整を行う。一緒に行かせてもらう弁護士からすると，まるで手品のように見事に調整を図る姿は，まさに圧巻である。

　このように，人と人との関係性を調整し，問題を解決する知識と能力をもった心理職の視点は，他の専門職にはない貴重で重要なものである。他の専門職には見えない**新たな視点で物事を把握**し，積極的に意見を述べていただきたい。

❖考えてみよう

・私はアセスメントが心理職の土台だと思うが，何が心理職の土台になると思うだろうか。また，アセスメントができるとはどういうことだろうか。（前田）
・大人から見るととんでもないことをする子どもでも，想像力を働かせて子ども視点から世界を見てみると，とても納得する行動であることが多くある。たとえば，「オレとあそばんとコロスゾ」と言ってきた子どもには世界はどのように見えていると考えられるだろうか。（緒方）
・他職種との連携の中で，心理職が心理職であるために大切なことは？（北村）
・自分がつらいときや悲しいときに，どんなかかわりに救われたのか，どんな態度に癒されたか。くわしく振り返って考えてみてほしい。（原谷）
・誰のための支援か。見立てに根拠があるのか。介入することでどのような結果になることが推測されるのか。（相原）
・からだの感覚を通した体験が，こころやコトバ，対人関係や学習にどのような影響を与えているのだろうか。（宮﨑）
・多職種連携のために心理職に求められる能力，必要な技術や知識とは何か。（三原）
・対象者のニーズをうまく引き出し，関係者と連携して解決に導くためには，何が必要か。その必要なことを身につけるために，今できること，これからできるであろうことは何か。（宝本）

 もっと深く，広く学びたい人への文献紹介

　神田橋 條治（1990）．精神療法面接のコツ　岩崎学術出版社
　　　☞臨床経験によって理解の仕方が違うのではないかと思うので，折に触れ読

み返す価値があると思われる。（前田）

山上 雅子（2018）．子どもが育つということ——身体と関係性の発達臨床——
ミネルヴァ書房
☞生の子どもの様子から多くのことが学べ，丁寧に対象の様子を知ろうとす
る姿勢から解決策は生まれるということをリアルに感じられる。（緒方）

団 士郎（2006）．家族の練習問題——木陰の物語—— ホンブロック
☞個人の物語は家族の物語とつながっている。クライエントがどんな物語を
生きているのかと見る視点ができる。（北村）

里中 満智子（2003）．マンガ ギリシア神話 1 オリュンポスの神々 中公文
庫
☞一人の方にお会いすることは，その方の物語，神話を聴くことであって，
人間が古代からどのような物語，神話を綴ってきたのかを学ぶことが有益
である。（原谷）

滝川 一廣（2017）．子どものための精神医学 医学書院
☞子どもの精神医学についての根本的な知識や視点を，歴史的要素や心理社
会的要素を踏まえて記述されており，非常に読みやすい。（相原）

高畑 脩平・萩原 広道・田中 佳子・大久保 めぐみ・加藤 寿宏（監修）（2019）．
子ども理解からはじめる感覚統合遊び——保育者と作業療法士のコラボレー
ション—— クリエイツかもがわ
☞身体感覚・運動機能の視点から子どもの行動を理解し手だてを考えていく
プロセスがわかりやすく記述されている。（宮﨑）

『子どもが語る施設の暮らし』編集委員会（1999）．子どもが語る施設の暮らし
明石書店

『子どもが語る施設の暮らし』編集委員会（2003）．子どもが語る施設の暮らし2
明石書店
☞大人は施設に入所させたら一安心となるのだが，実際にはそうではない。
この2冊は施設で暮らした経験がある子どもたちの貴重な声が集められて
いる。学部レベルの初心者から経験者まで一読をお薦めしたい。（三原）

土井 高徳（2009）．青少年の治療・教育的援助と自立支援——虐待・発達障害・
非行など深刻な問題を抱える青少年の治療・教育モデルと実践構造—— 福
村出版
☞北九州でファミリーホームを開設し，数多くの子どもと向き合ってこられ
た土井高徳さんの実践が書かれた書籍。とくに第Ⅱ部は具体的ケースが記
載されており，支援が必要な子どものイメージが摑みやすい。（宝本）

引用・参考文献
1節3
川畑　隆（編）（2015）．子ども・家族支援に役立つアセスメントの技とコツ　明石書店
宮井　研治（編）（2012）．子ども・家族支援に役立つ面接の技とコツ　明石書店
1節4
Bonner, B. L., Walker, C. E., & Berliner, L. (1991). *Children with sexual behavior problems: Assessment and treatment.* Final Report, Grant No. 90-CA-1469. Washington, D. C.: National Center on Child Abuse and Neglect, Administration for Children, Youth and Families, U.S. Department of Health and Human Services.
藤岡　淳子（2006）．性暴力の理解と治療教育　誠信書房
2節1
宮岡　等（2018）．精神科医からみた公認心理士の課題　こころの科学，*198*，2-5.
田中　康雄（2009）．支援から共生への道——発達障害の臨床から日常の連携へ——　慶應義塾大学出版会
2節2
Nummenmaa, L., Hari, R., Hietanen, J. K., & Glerean, E. (2018). Maps of subjective feelings. *PNAS, 115*(37), 9198-9203.
Rizzolatti, G., & Sinigaglia, C. (2006). *Mirror neuron.* Milano, via Rossini 4: Raffaello Cortina Editore.
（リゾラッティ，G.・シニガリア，C.　柴田　裕之（訳）茂木　健一郎（監修）（2009）．ミラーニューロン　紀伊國屋書店）

索　引

アルファベット

《監修者紹介》

川畑直人（かわばた　なおと）
　　京都大学大学院教育学研究科博士後期課程中退　博士（教育学）
　　William Alanson White Institute, Psychoanalytic Training Program 卒業
　　公認心理師カリキュラム等検討会構成員，同ワーキングチーム構成員
　　公認心理師養成機関連盟　理事・事務局長
　　現　在　京都文教大学臨床心理学部　教授　公認心理師・臨床心理士
　　主　著　『対人関係精神分析の心理臨床』（監修・共著）誠信書房，2019年
　　　　　　『臨床心理学——心の専門家の教育と心の支援』（共著）培風館，2009年　ほか

大島　剛（おおしま　つよし）
　　京都大学大学院教育学研究科修士課程修了
　　17年間の児童相談所心理判定員を経て現職
　　現　在　神戸親和女子大学文学部　教授　公認心理師・臨床心理士
　　主　著　『発達相談と新版K式発達検査——子ども・家族支援に役立つ知恵と工夫』（共著）明石書
　　　　　　店，2013年
　　　　　　『臨床心理検査バッテリーの実際』（共著）遠見書房，2015年　ほか

郷式　徹（ごうしき　とおる）
　　京都大学大学院教育学研究科博士後期課程修了　博士（教育学）
　　現　在　龍谷大学文学部　教授　学校心理士
　　主　著　『幼児期の自己理解の発達——3歳児はなぜ自分の誤った信念を思い出せないのか？』（単
　　　　　　著）ナカニシヤ出版，2005年
　　　　　　『心の理論——第2世代の研究へ』（共編著）新曜社，2016年　ほか

《編著者紹介》

川畑　隆（かわばた　たかし）

　同志社大学大学院文学研究科（心理学専攻）修了

　1978年，京都府に心理職として採用。児童相談所に勤務。

　2006年，京都学園大学（現・京都先端科学大学）の教員に転職。2020年，退職。

　現　在　京都橘大学健康科学部心理学科　特任教授　臨床心理士

　主　著　『教師・保育士・保健師・相談支援員に役立つ子どもと家族の援助法――よりよい展開へ
　　　　　のヒント』（単著）明石書店，2009年

　　　　　『発達相談と新版K式発達検査――子ども・家族支援に役立つ知恵と工夫』（共著）明石書
　　　　　店，2013年

　　　　　『要保護児童対策地域協議会における子ども家庭の理解と支援――民生委員・児童委員，
　　　　　自治体職員のみなさんに伝えたいこと』（単著）明石書店，2021年　ほか

笹川宏樹（ささかわ　ひろき）

　奈良教育大学大学院教育学研究科中退

　1984年，奈良県に心理判定員として採用。児童相談所，知的障害者更生相談所，心身障害者リハビ
　リテーションセンター，奈良県中央こども家庭相談センター，福祉型障害児入所施設，同志社大学
　心理学部客員教授を経て現職。

　現　在　同志社大学心理臨床センター　特任指導員　公認心理師，臨床心理士，社会福祉士

　主　著　『子ども・家族支援に役立つアセスメントの技とコツ』（共著）明石書店，2015年

　　　　　『P-Fスタディ解説2020年版』（共著）三京房，2020年

　　　　　『日本の児童相談所――子ども家庭支援の現在・過去・未来』（共著）明石書店，2022年
　　　　　ほか

宮井研治（みやい　けんじ）

　同志社大学文学部文化学科心理学専攻卒

　1982年，大阪市に臨床心理職員として採用。

　情緒障害児短期治療施設児童院，大阪市こども相談センター，大阪市南部こども相談センターなど
　での勤務を経て2017年より現職。

　現　在　京都橘大学健康科学部心理学科　特任教授　公認心理師，臨床心理士

　主　著　『児童虐待と児童相談所』（共著）金剛出版，2001年

　　　　　『発達相談と援助――新版K式発達検査2001を用いた心理臨床』（共著）ミネルヴァ書房，
　　　　　2005年

　　　　　『子ども・家族支援に役立つ面接の技とコツ』（編集）明石書店，2012年　ほか

《執筆者紹介》

川畑　隆（かわばた　たかし）編者，序章，第1章
　　京都橘大学健康科学部　特任教授

笹川宏樹（ささかわ　ひろき）編者，第5章
　　同志社大学心理臨床センター　特任指導員

宮井研治（みやい　けんじ）編者，第3章1
　　京都橘大学健康科学部　特任教授

八木安理子（やぎ　ありこ）第2章
　　同志社大学心理学部　客員教授

貞木隆志（さだき　たかし）第3章2
　　大阪市南部こども相談センター 兼 大阪市北部こども相談センター　心理相談担当課長代理

高下洋之（たかした　ひろゆき）第3章3
　　大阪市立阿武山学園　担当係長

春原由紀（すのはら　ゆき）第3章4
　　武蔵野大学　名誉教授／NPO法人RRP研究会　理事（公認心理師）

樋口純一郎（ひぐち　じゅんいちろう）第4章1・4
　　神戸市障害者更生相談所　心理判定員

樋口亜瑞佐（ひぐち　あずさ）第4章2・3
　　愛知教育大学教育科学系心理講座　准教授

渡邉香織（わたなべ　かおり）第6章1
　　堺市子ども相談所　児童心理司

萬木はるか（ゆるぎ　はるか）第6章2
　　京都市発達障害者支援センター「かがやき」　主任

佐々木新（ささき　あらた）第6章3
　　川崎医療福祉大学医療福祉学部　准教授

杉村　繁（すぎむら　しげる）第7章1
　　京都府立こども発達支援センター診療課　公認心理師

中津大介（なかつ　だいすけ）第7章2
　　東京視覚障害者生活支援センター機能訓練課　生活支援員

河﨑佳子（かわさき　よしこ）第7章3
　　神戸大学国際人間科学部　教授

加藤伸司（かとう　しんじ）第8章1・2，第9章2・4
　　東北福祉大学総合福祉学部　教授

北村世都（きたむら　せつ）第8章3・4
　　聖徳大学心理・福祉学部　准教授

大庭　輝（おおば　ひかる）第9章1
　　弘前大学大学院保健学研究科　准教授

奥村由美子（おくむら　ゆみこ）第9章3
　　帝塚山大学心理学部　教授

齋藤暢一朗（さいとう　ちょういちろう）第10章1
　　北海道教育大学大学院教育学研究科　准教授

松山剛志（まつやま　つよし）第10章2
　　大阪市福祉局生活福祉部保護課　臨床心理職員

吉住隆弘（よしずみ　たかひろ）第10章3
　　中京大学心理学部　教授

山本菜穂子（やまもと　なおこ）第10章4
　　青い森のほほえみプロデュース推進協会　理事

前田由美子（まえだ　ゆみこ）第11章1-1
　　奈良市健康医療部母子保健課　心理判定員

緒方優子（おがた　ゆうこ）第11章1-2
　　児童養護施設愛染寮　心理相談員

北村由紀恵（きたむら　ゆきえ）第11章1-3
　　関西福祉科学大学心理・教育相談センター　カウンセラー

原谷直樹（はらたに　なおき）第11章1-4
　　大阪府障がい者自立相談支援センター　心理職
　　（執筆当時：大阪府中央子ども家庭センター　児童心理司）

相原加苗（あいはら　かなえ）第11章2-1
　　東大阪市立障害児者支援センター　診療所長（医師）

宮﨑義博（みやざき　よしひろ）第11章2-2
　　フリーランス　作業療法士

三原敏孝（みはら　としたか）第11章2-3
　　大阪市北部こども相談センター　担当係長

宝本美穂（たからもと　みほ）第11章2-4
　　法律事務所つむぎ　弁護士

謝辞　本書の内容における法律や制度等に関する記述については，石井日出弘氏（一般社団法人今井あったかサポート代表理事／社会福祉士）にご確認いただきました。厚くお礼申し上げます。

公認心理師の基本を学ぶテキスト⑰

福祉心理学
――福祉分野での心理職の役割――

| 2020年5月30日　初版第1刷発行 | 〈検印省略〉 |
| 2023年1月30日　初版第3刷発行 | |

定価はカバーに
表示しています

監 修 者	川畑　直人
	大島　剛
	郷式　徹
編 著 者	川畑　隆
	笹川　宏樹
	宮井　研治
発 行 者	杉田　啓三
印 刷 者	田中　雅博

発行所　株式会社　ミネルヴァ書房

607-8494　京都市山科区日ノ岡堤谷町1
電話代表　(075)581-5191
振替口座　01020-0-8076

　　創栄図書印刷・藤沢製本

ISBN978-4-623-08718-1

Printed in Japan

公認心理師の基本を学ぶテキスト

川畑直人・大島　剛・郷式　徹　監修

全23巻

Ａ５判・並製・各巻平均220頁・各巻予価2200円（税別）・＊は既刊

──────── ミネルヴァ書房 ────────

https://www.minervashobo.co.jp/